楽しみながら運動能力が身につく！
幼児のための コーディネーション 運動

東根明人 著／編集協力 一般社団法人コーチングバリュー協会

明治図書

はじめに

　子どもたちが元気に園庭を走り回る。みんなで楽しそうに運動をしている。いつ見てもワクワクさせられる光景ではないでしょうか。額に汗をにじませ，笑顔いっぱい，時には真剣なまなざしで思い思いに体を動かしている。そんな自由で気ままではあるけれど，子どもらしい環境をいつまでも保ってあげたい。私はそんな素朴な思いから，コーディネーション運動に取り組んでいます。子どもたちの自由な発想，豊富な好奇心，時にはケンカになることもあるけれど，自分の意思を素直に言う，友だちと一緒に遊びのルールを考える等々，私は，コーディネーション運動を通じて日本の教育の在り方に一石を投じる検証を，ライフワークと位置付けています。

　文部科学省から「幼児期運動指針」(2012)が出され，幼児（3歳から6歳の小学校就学前の子ども）は様々な遊びを中心に，毎日，合計60分以上，楽しく体を動かすことが大切だということが提唱されています。幼児期運動指針では，動きを現象的側面からとらえ，「体のバランスをとる動き」「体を移動する動き」「用具などを操作する動き」に分類していると思われます。

　これに対してコーディネーション運動は，動きを機能的側面からとらえたコーディネーション能力を基準に作成しています。動き（随意運動）は，意図や目的，周囲との関係性や必要性から生ずるものであり，そこには合目的性が存在します。換言するならば，ベルンシュタイン(1967)が言う，「あらゆる状況ならびに条件下において，解決策となる運動を見つけること」と「制御の機能」という意味です。今回の拙著では，子どもたちに運動が大好きになってもらいたいという願いを込め，幼児期運動指針を踏まえ，コーディネーション能力の視点から基本的な運動例を紹介したいと思います。

　加えて，スポーツ現場においても，Evidence-based coaching（根拠に基づいた指導）が重要であると言われています。経験やカン，模倣だけではなくデータや科学的根拠による指導や説明が求められています。私たちの研究チームが発表した学術論文（Mochizuki, Sudo et al, 2014, Mochizuki, Sudo et al, 2013, Sudo, Mochizuki et al, 2011, Mochizuki, Kirino et al, 2010, など）と実践結果に基づき，メニューを組み立てました。特に，ジャンプ動作，ペアやグループでゲーム性を持たせて実施，そして正確さ（質）より素早さや種類（量）を求める点が特徴的であると考えます。

　例えば，私たちの研究（2009～2012：科研基盤C #21500604）において，コーディネーション運動を行う前と後，単純運動を行う前と後に，心地よい感情をよぶ写真（かわいらしい動物・ヒトの笑顔の写真）と不快感をよぶ写真（ヘビ・ゴキブリ，恐怖におののいた人の顔の写真）を見せ，運動の前後での情動（感情や情緒）の変化を比較してみました。その結果，心地よい刺激に対して，情動を司る脳の外側面の奥，側頭葉と頭頂葉下部を分ける外側溝の中に位置している「島（insula）」の活動が増加していました。単純運動後には，脳の活動に変化は認められませんでした。つまり，楽しさや面白さを伴った運動の方が脳はより活発に働くとい

うことです。子どもたちにとって，単調な運動より変化に富み，面白さを伴う運動が適切であることを裏付けていると思われます（Brain activation associated with motor imagery of coordination exercises and social abilities. European Journal of Sport Science. 2014. DOI:10.1080/17461391.2014.893019)。

　私がコーディネーション運動と出逢い，もうすぐ20年になろうとしています。この間に仲間と共に取り組んだ実践と研究を通じ，単にコーディネーション運動を行うのではなく，なぜ行うのかという目的，意図，根拠の体系化を図ってまいりました。同時に，最大のテーマであるコーディネーション運動の指導による指導法（こちらは，30余年の研究と実践）の構築にも力を注いでいます。つまり，楽しく運動をする，体を動かすことが楽しくなるという表面的な目標（戦術：コーディネーション運動）もさることながら，本質（戦略：コーチングサービス）の整理統合とも言えます。コーチングサービスとは，「目的を達成するために，コーチとプレーヤーが共同で取り組む知的活動を促進する行為・技能」と定義します。

　真の教育とは何かを問い続けた元宮城教育大学学長の林竹二（1986）は，教師に求められる第一の資格は，「謙虚」そして「学ぶ能力」と言い，授業は教師と子どもが一緒に生きる場にならなければならない。授業が一定のことを教えて覚えさせる仕事ではなく，深いところにしまい込んであるそれぞれに形態の異なる子どもの大事な，「たから」を探し当てたり，掘り起こしたりする仕事でなければならないとしています。教師を保育者，授業を保育と置き換えても全く同じことではないでしょうか。

　またソクラテスは，教師には作品はないと言いました。なぜならば，相手が生命を持った人間の子だからです。生命の中には，絶えず成長する力があり，その成長を助ける以上のことは人間にはできないと言っています。子どもたちは，絵画や陶芸あるいは工場でつくられるモノではないということです。もし，子どもを自分の思い通りにしようとしているならば，「傲慢」と言うでしょうね。

　そこで本書では，「保育者が子どもと一緒に考え，創り，喜び合う」ことを大きなテーマのひとつにしました。そのためにPart 7では，保育者の皆さんが現場に現れた事実を記録出来るようにしています。子どもから学ぶ能力を教わり，子どもたちの宝物探しをしてみましょう！　きっと子どもと一緒に成長する自身を実感します。その経験がさらに次の創意工夫につながるという好循環を生み出すと考えます。

　2015年6月

東根明人

Contents

はじめに …………………………………………………………………………… 003

Part 1
幼児のためのコーディネーション運動とは

1. 「遊ぶ」経験が足りない子どもたち ……………………………………… 009
2. 文部科学省「幼児期運動指針」で指摘された，体力・運動能力の低下 … 010
3. コーディネーション＝「体を巧みに動かす神経系の能力」………… 010
4. コーディネーション能力の5つの要素，4つの形式 ………………… 011
5. 遊びながら，能力を伸ばすカイヨワの遊びの4要素 ………………… 014
6. 「行動体力」と「防衛体力」を育むコーディネーションの効用 …… 016
7. 年齢やレベルに応じたコーディネーション運動を導入 ……………… 017
8. アレンジにチャレンジ！ ………………………………………………… 018
9. コーチングとコーディネーションはセット ………………………… 019

Part 2
歩く動作・走る動作を取り入れたコーディネーション運動10

▶歩く動作・走る動作を取り入れたコーディネーション運動のポイント …… 024
1. ストップ＆ゴー …………………………………………………………… 025
2. じゃんけんシャトラン …………………………………………………… 026
3. バリアンゲーム …………………………………………………………… 027
4. 噴水コーデ ………………………………………………………………… 028
5. 逆オニ ……………………………………………………………………… 029
6. モグラオニ ………………………………………………………………… 030
7. お約束ゲーム ……………………………………………………………… 031
8. スペースチェンジ ………………………………………………………… 032
9. リアクションラン ………………………………………………………… 033
10. じゃんけんダッシュ ……………………………………………………… 034

コーチングの視点 じゃんけんシャトランの場合 ………………………… 035

Part 3 跳ぶ動作を取り入れたコーディネーション運動6

- ▶跳ぶ動作を取り入れたコーディネーション運動のポイント …… 036
- 1 グーパージャンプ …… 037
- 2 リアクジャンプ …… 038
- 3 ジャンプジャンプレボリューション …… 039
- 4 リズムジャンプ …… 040
- 5 おっとっと …… 041
- 6 動物ジャンプ（ウサギ・カエル・バッタなど）…… 042
- **コーチングの視点** グーパージャンプの場合 …… 043

Part 4 投げる動作・捕る動作を取り入れたコーディネーション運動9

- ▶投げる動作・捕る動作を取り入れたコーディネーション運動のポイント … 044
- 1 クラップキャッチ …… 045
- 2 タッチキャッチ …… 046
- 3 風船タップ＆キャッチ …… 047
- 4 メンコ投げ …… 048
- 5 背面スロー …… 049
- 6 ころころイン …… 050
- 7 ころころ的当て …… 051
- 8 爆弾ゲーム …… 052
- 9 ジャンプタッチ …… 053
- **コーチングの視点** 風船タップ＆キャッチの場合 …… 054

Part 5 全身を使った動きを取り入れたコーディネーション運動10

- ▶全身を使った動きを取り入れたコーディネーション運動のポイント ········ 055
- ① いろいろお座り ········ 056
- ② いろいろタッチ ········ 057
- ③ 図形体操 ········ 058
- ④ 足うらタッチ ········ 059
- ⑤ クマ歩き ········ 060
- ⑥ クロスタッチ ········ 061
- ⑦ 進化ゲーム ········ 062
- ⑧ バリアオニ ········ 063
- ⑨ いろいろ移動 ········ 064
- ⑩ 音楽コーデ ········ 065
- コーチングの視点　いろいろお座りの場合 ········ 066

Part 6 用具・道具を使った遊びを取り入れたコーディネーション運動15

- ▶用具・道具を使った遊びを取り入れたコーディネーション運動のポイント… 067
- ① 移動ジャンプ（縄） ········ 068
- ② 跳ぶかくぐるか（縄） ········ 069
- ③ フィッシング（マット） ········ 070
- ④ 川跳びの術（マット） ········ 071
- ⑤ 島オニ（マット） ········ 072
- ⑥ フープコーデ（フープ） ········ 073
- ⑦ フープジャンプ（フープ） ········ 074
- ⑧ フープくぐり（フープ） ········ 075
- ⑨ 足変えの術（平均台） ········ 076
- ⑩ 雀ジャンプ（平均台） ········ 077

- **11** ボール送り（ボール） ……………………………………………………… 078
- **12** セブンボール（ボール） …………………………………………………… 079
- **13** フットアップ（ボール） …………………………………………………… 080
- **14** ボールギャザー（ボール） ………………………………………………… 081
- **15** オセロゲーム（オセロ） …………………………………………………… 082

> **コーチングの視点** フープジャンプの場合 …………………………………… 083

Part 7 効果的に行う！コーディネーション運動のプログラム

- **①** 効果的なプログラム作りのポイント ………………………………………… 084
- **②** プログラムの記入例と活用する際のポイント ……………………………… 086
- **③** すぐ使える！コーディネーション運動プログラム30 ……………………… 088

  - ● 走る運動が楽しくなるコーディネーション運動 …………………………… 088
    プログラム1（3歳向け）・プログラム2（4歳向け）・プログラム3（5歳向け）
  - ● 跳ぶ運動が楽しくなるコーディネーション運動 …………………………… 091
    プログラム4（3歳向け）・プログラム5（4歳向け）・プログラム6（5歳向け）
  - ● 投げる運動が楽しくなるコーディネーション運動 ………………………… 094
    プログラム7（3歳向け）・プログラム8（4歳向け）・プログラム9（5歳向け）
  - ● 全身運動が楽しくなるコーディネーション運動 …………………………… 097
    プログラム10（3歳向け）・プログラム11（4歳向け）・プログラム12（5歳向け）
  - ● 用具を使った運動が楽しくなるコーディネーション運動 ………………… 100
    プログラム13（3歳向け）・プログラム14（4歳向け）・プログラム15（5歳向け）
  - ● リズム能力を高めるコーディネーション運動 ……………………………… 103
    プログラム16（3歳向け）・プログラム17（4歳向け）・プログラム18（5歳向け）
  - ● バランス能力を高めるコーディネーション運動 …………………………… 106
    プログラム19（3歳向け）・プログラム20（4歳向け）・プログラム21（5歳向け）
  - ● 操作能力を高めるコーディネーション運動 ………………………………… 109
    プログラム22（3歳向け）・プログラム23（4歳向け）・プログラム24（5歳向け）
  - ● 反応能力を高めるコーディネーション運動 ………………………………… 112
    プログラム25（3歳向け）・プログラム26（4歳向け）・プログラム27（5歳向け）
  - ● 認知能力を高めるコーディネーション運動 ………………………………… 115
    プログラム28（3歳向け）・プログラム29（4歳向け）・プログラム30（5歳向け）

おわりに ……………………………………………………………………………… 118

Part 1 幼児のためのコーディネーション運動とは

1 「遊ぶ」経験が足りない子どもたち

「遊び難民」，「遊び失調症」とも呼ばれている子どもたち。遊びのような運動や遊びを活かした指導で，子どもたちの眠っている潜在能力を目覚まさすことができたなら，といつも考えています。「子どもは本来好奇心を持っており，旺盛な活動意欲を持っている」という子ども観に立った指導を目指しています。一方で，子どもの遊びが昔と比べて変化している現在，「遊ぶ場所が少ない」「時間がない」「一緒に遊べる友だちが少ない」などの理由で，遊びを通じて運動能力を身につける機会が格段に少なくなっており，子どもたちの運動能力低下も数字として表れています。

発育期に合わせた運動の仕方を提唱した宮下充正（1980）は，発育発達に応じて，神経系，呼吸・循環系，筋―骨格系の各種機能を適宜高めることが必要だということを指摘しています。コーディネーション能力は，神経系に属するもので，体を巧みに動かす能力と言えます。巧みさとは，あらゆる状況ならびに，あらゆる条件下において，解決策となる運動を見つけることであり，巧みさは，制御の機能であるとともに，その実現には中枢神経系が最大の役割を果たす（ベルンシュタイン，1967）と定義することができます。神経系が知覚情報に応じて動員する筋の組み合わせと，それらの出力を適切に制御することによって行われ，神経系の協応運動能力（Coordination Motor Ability）とも呼ばれています（ラッハ，2006）。

子どもは，多様な感覚を使う活発な学習者です。神経系の発達が著しい幼児期から児童期において，全身の筋を使ったダイナミックな運動や感覚受容器に様々な刺激を与える多様なコーディネーション運動（例えば，手と足でグーパーやケンパーをしながら移動する。その場で前後にジャンプ動作を繰り返して，指導者の合図でバランスをとってストップするなど）は，中枢神経系のネットワークを強化するだけでなく，運動量の確保という点からも筋組織や呼吸循環器系への刺激にもなるため，極めて重要であると考えます。

さらに，英語に例えると，単語に匹敵する「動きの絶対量」を確保する意味においても，多様な神経回路を形成するコーディネーション運動の果たす役割は大きいと言えます。以前は遊びの中で養われていたコーディネーション能力。その遊ぶ経験が不足している現代の子どもたちに，遊びに代わり文字通りコーディネーション運動で，子どもらしさを体験させたいところです。

私が指導したある保育園では，保育士さんたちがこれまでの子どもたちの活動を振り返り，子どもたち自身が持ち運べるビールケース，タイヤ，トランポリンは自由に取り出せるようにしました。そうすると自分たちで作りたいものをイメージして「園庭アスレチック」を作り，その中で子どもたちがルールや遊び方を決めて楽しむようになっていきました。大人が遊びの

きっかけ（環境）を創り，子どもたちに最大限の自由を確保するならば，安全に仲よくルールを守るという最小限の規制で，どんどん遊び方を覚えていきます。異年齢で行うと，年長の子どもたちは年少の子どもたちに教えることでさらに遊びの広がりが出現します。遊びを自分たちと同化させ，保育園以外でも遊ぶようになります。

2 文部科学省「幼児期運動指針」で指摘された，体力・運動能力の低下

運動指針策定の意義において，生活が豊かで便利になったことは，子どもにとって体を動かす機会を減少させただけでなく，家事の手伝いなどの機会をも減少させているという要因があります。また，都市化や少子化が進展したことは，社会環境や人々の生活様式を大きく変化させ，子どもが遊ぶ場所，遊ぶ仲間，遊ぶ時間の減少，そして交通事故や犯罪への懸念などが体を動かして遊ぶ機会の減少を招いていて，幼児期においても同様の影響を与えており，結果的に幼児期からの多様な動きの獲得や体力・運動能力に影響している点を取り上げています。

文部科学省調査（2011）では，外遊びをする時間が長い幼児ほど，体力が高い傾向にありましたが，幼児の4割が外遊びをする時間が1日1時間（60分）未満であったと報告しています。日本小児保健協会の調査によると，よく行う遊びについて，「お絵かき・粘土・ブロックなどの造形遊び」が平成12年の調査では62％だったものが，平成22年では1位となるなど，体を動かさない遊びの割合が高く，特に絵本・テレビ・ビデオの割合は，10年前に比べて約2倍に増えていることも分かっています。

肥満や痩身の問題は，栄養摂取の偏りと運動不足が大きな原因です。肥満傾向と痩身傾向を持つ児童・生徒は，運動能力調査のほとんどの項目で平均を下回っており，その総合評価も低い傾向にあります。

さらに「幼児期運動指針」では，幼児期における運動の実践は，心身の発育に極めて重要であるにもかかわらず，全ての幼児が十分に体を動かす機会に恵まれているとは言えない現状があると指摘しています。幼児の心身の発達の特性に留意しながら，多様な運動を経験できるような機会を保障していく必要があると述べられています。

3 コーディネーション＝「体を巧みに動かす神経系の能力」

コーディネーション能力とは，神経系の機能であり「状況を目や耳など五感で察知し，それを頭で判断し，具体的に筋肉を動かすといった一連の過程をスムーズに行う能力」です。換言しますと，「体を巧みに動かす神経系の能力」であり，パフォーマンスを構成する各種要因と密接に関わり，相補的な役割を担っており，運動学的な五感と言われる知覚，聴覚，平衡感覚，皮膚感覚，筋感覚などの感覚受容器からの情報をスムーズに収集し運動効果器に指令を出すといった一連の運動プロセスを制御する能力と言われています（シュナーベル，1989）。神経系が著しく発達する時期は，幼児期から児童期であり（スキャモン，1928），児童後期は生涯の

中で最も速く運動技能を学習する時期（即座の習得）と言われています（マイネル，1956）。ゴールデンエイジと呼ばれている児童後期ですが，実はプレ・ゴールデンエイジと呼ばれる4歳から8歳にどのような運動経験をしていたかが，その後の運動・スポーツの関わりを決定するという指摘もあります。運動技能を学習する段階は，行動的把握（動いて学ぶ）→映像的把握（見て覚える）→記述的把握（言葉で学習する）を辿りながら進んでいきます（ブルーナー，1966）。あるいは，試行錯誤→意図的な動き→動きの自動化という過程を踏むと言われています（フィッツ＆ポスナー，1967）。つまり，動くことから始め，失敗したり成功したりしつつ，動きのイメージを持つようになりコツを掴み，最終的には意識しないで動けるようになるのです。幼児に置き換えると，動いて学ぶ3歳児⇨見て覚える4歳児⇨言葉でも学習できる5歳児となります。逆に，3歳児に言葉による動きの理解を求めても難しいとなります。

　心理的側面からは，子どもたちは元々動くことや運動が大好きです。この動くことや運動する欲求は，生理的欲求（マズロー，1965）であり最も低次の欲求に位置します。この欲求が満たされないとより高次の欲求へはなかなか進めないとも言えます。一方，欲求が満たされると，モチベーション（動機づけ）がさらに高まるという好循環が生まれます。内発的動機づけの大切さを提唱するデシ（1981）は，「自己決定」「関係性」「有能感」を重要因子として挙げています。神経系の能力であっても，子どもたちには当然「心」があります。大人の一方的な指導では，内発的動機づけを育むことは難しくなります。したがって，子どもたちが自由に伸び伸びと運動をする時間や空間を確保することは，心身両面の健全育成において極めて重要であることが理解できると思います。例えば，人間が動く時の原動力は筋肉でしょうか，心でしょうかという問いに対し，皆さんはどう答えますか。もし，子どもたちの心に，「運動は面白い」「体を動かすことが楽しい」「失敗しても怒られない」「間違っても平気なんだ」といったことがインプリント（刷り込み）されたなら，どんな子どもに育つでしょう。

　日本学術会議（2012）では，乳幼児期の遊び（Play Literacy）が子どもの発達に及ぼす影響について，鳴門教育大学附属幼稚園の実践を踏まえた共同研究の中で，誘遊財（Play Resource）という概念を創出しました。誘遊財とは伝統的な教材（Teaching Material）とは全く異なり，子どもたちの遊ぶ能力（Play Literacy）を育むための環境創りであり精神的・物質的財産です。子どもたちの遊ぶ能力（Play Literacy）とは，「自分たちで目標を決め，自分たちで必要な知識を集め考え，遊び活動の中で自分たちの可能性を発見・発達させることです。また，遊ぶことの能力は効果的に社会に参加するために，子ども同士がお互いの人格を理解し，協力する能力を育むものである」とも考えていると報告しています。

4 コーディネーション能力の5つの要素，4つの形式

　コーディネーション能力の要素については，様々な議論が現在も続いています。ここでは，表1に示したように5つの要素で構成します。実際の運動場面では，これらの能力が一つ一つ

単独に機能するのではなく，複数が組み合わされて実施されます。

表1　コーディネーション能力の各種要素

要　素	内　容
バランス能力	姿勢を維持する力や動いていて止まった時に体を制御する力
リズム能力	自身のリズムをつくる力や相手との動きのタイミングをつかむ力
反応能力	合図や動きに素早く反応する力や動作を素早く切り換える力
操作能力	各種用具や自身の体をねらいに合わせ，スムーズに動かす力
認知能力	空間や時間などを把握する力や状況や相手を考え・判断する力

　これらの能力は，運動やスポーツさらに日常動作を行う時に，必要とされる基本的な能力です。状況に合った動きを自身の中から探し出し動く，つまりコーディネーション能力は，動きの課題解決能力とも言えるでしょう。日常の動きをコーディネーション能力の視点から観察しますと，階段の上り下りの動作には，体のバランスをとって階段を上り下りすることや段差を見極めること，つまりバランス能力や認知能力が使われていることが理解できると思います。保育者のかけ声に反応して，素早く整列する時は，認知能力と反応能力を使っています。また，コーディネーション能力を開発する観点から，幼児期では特にリズム能力，バランス能力，操作能力を高める運動や動きが中心となります。生活場面において，逆さになる，転がる，回るといった動きが少なくなってきているので，努めて育てていきたいものです（東根，2006）。

　この時期に留意する点は，保護者や保育者の対応です。子どもたちに多様な刺激を与え，運動の楽しさや動くことへの動機づけが最も重要であるため，保護者や保育者は，一緒になって楽しむ姿勢と優しいまなざしで接してほしいものです。コーディネーション運動は，早期教育とは全く異なります。素早い動きは大切ですが，早くから型にはめることではありません。できるからと言って，大人のイメージであれこれ調教（子どもは犬や猫ではなく，小さな大人でもありません）してはいけません。子どもたちから発せられる動き言葉のメッセージを拾い，大人が合わせてください。

　コーディネーション能力を開発するコーディネーション運動には，3つの大きなねらいがあります。第一のねらいは，子どもの成長段階に応じた動きづくりを学習し，「動きのもと」をつくる点です。そのためには，様々な運動経験が必要であり，4歳，5歳児ともなると，吸収力が速いため特に有効となってきます。第二のねらいは，幅広くスポーツや身体活動に対応できる「筋肉と神経の回路」を開発することです。すばしこい身のこなしをする子どもは，動きの回路を持っているのであり，適切な刺激を与えることで獲得可能となります。第三のねらいは，外部の刺激に対する具体的な動きの「運動感覚」を高めること。はじめはぎこちない動きでも，徐々に滑らかな動きになっていきます。一連の動きが記憶され，リズムやタイミングの

取り方，つまり運動感覚が養われてくるためなのです。

　神経系が著しく発達する時期は，幼児期から児童期（プレ・ゴールデンエイジ～ゴールデンエイジ）であり，ナイーブな側面も持っています。もし，子どもたちが意見をどんどん言って，仲間や先生と一緒に創る喜びを知らずに育ったなら，これもまたインプリントされてしまいます。子どもたちの心に，「運動はつまらない」「体を動かすことが面倒くさい」「失敗すると怒られるから嫌！」「間違うと笑われるから恥ずかしい」といったメッセージを残して，はたして意欲的な子どもになるのでしょうか。

　わが国の大脳生理学研究のパイオニアである時実利彦（1969）によると，神経細胞の回路形成は3段階の変化を示し，第1段階は3歳前後までであり，神経回路が急激に発達し，成人の約60～70％にまで達します。この時期は，模倣の時期であり，周囲から入る刺激（情報）がすべてリプリント（回路形成）されると言われています。第2段階は4歳ごろから7歳ごろで，さらに目の細かい回路形成がなされ，自分で考え，自己を主張し，自主的に行動するようになる，やる気を起こす神経細胞が配線されていきます。そして10歳ごろになると，神経細胞の回路形成はほぼ完成し，汲めども尽きぬ創造の精神を生み出してくれる第3段階に達するというわけです。

　コンピュータに例えるならば，3歳ごろまでにハードウエアが組み立てられ，4歳から10歳までは，これを使うためのソフトウエアが作られていきます。コーディネーション能力は，このソフトウエアであり，適切な時期に，適切な環境で，適切な指導を受けることでいくらでも伸ばすことが可能であると言われています。持久力や筋力は，中学・高校になってからの主たるテーマであり，小学生まではコーディネーション能力や柔軟性に焦点を当てた運動に取り組んだ方が，発育発達やトレーニング科学の視点からも効果的です。神経細胞の配線過程である脳の発達に則した育成を行うところに，科学性や計画性があるのではないかと考えます。

　そこで私たちは，コーディネーション運動を誰が行ってもほぼ同じような結果が得られるように（つまり再現性があるように＝科学的に）以下のような4つの形式で，指導案を作成しています。

> ①ジャンプ運動
> 　ジャンプ運動は，走る速さにつながり，自重負荷による足の裏への刺激は，足裏アーチの形成に役立ちます。狭い場所でも気軽に楽しめる運動形式です。
> ②グループ運動
> 　2人以上で行う運動は，情動面に刺激を与え予測する能力を高めることが分かってきています。社会性を高める点でも有効な運動となります。
> ③ハザード運動
> 　意図的な障害物を作ります。いつも整備された場所ではなく，不規則なコースを設定し

ます。子どもたちは自ら，友だちにぶつからないように注意して動きます。

④ゲーム形式

　子どもたちはゲーム形式にした途端，一気にスピードアップします。「勝敗」を学ぶ機会ととらえ，自ら考え，問いを見つけ，対話しながら新しい価値を生み出すようにします。

5　遊びながら，能力を伸ばすカイヨワの遊びの4要素

　運動が脳を活性化するメカニズム（久保田ら，2009）が解明され，脳を鍛えるには運動しかないと唱えたアメリカの臨床医レイティ（2009）は，有酸素運動と神経系の運動を組み合わせて行うことで，脳への効果的な刺激になると報告しています。アメリカの脳科学者ポールス他（2012）やシモンズ他（2011）の報告によると，アスリートと一般人やエリート軍人と一般人との脳機能の違いは，予測したり先取りする機能にあると述べています。この予測したり先取りする機能は，「島」という部位で行われています。私たちの研究において，コーディネーション運動とウォーキングを比較したところ，コーディネーション運動の方がウォーキングより「島」の方に優位に働く点は分かっていました（2008）。この時点では，「島」は情動面に関与しているという解釈でした。ところが近年，「島」の機能に関する新たな知見が出てきました。もうお分かりでしょうが，コーディネーション運動はアスリートに必要な予測したり先取りしたりする機能を高めていることにもなるのです。

　さらに，楽しさや面白さを伴った運動の方が，脳はより活発に働くということが分かってきています。子どもたちにとって，単調な運動より変化に富み，面白さを伴う運動が適切であることを裏付けていると思われます。伸び伸びと体を動かす楽しさや心地よさを味わいながら，面白さや驚きに飛び跳ね回り，熱中し，真剣になる運動をこれまで以上に工夫する必要がある（赤松，2006）という指摘や，子どもの発達にとって，運動は認知機能や情緒機能など他の諸機能と強い結びつきがあり，決して独立した機能ではない，つまり，子どもの運動や動きの状況を見ると，その子の知的水準や心理的水準がある程度推定できるくらい相関関係が強い（小林，2003）という報告とも共通していると考えます。そこで，コーディネーション能力の特性を踏まえ，身体面・情動面そして神経系に効果的な刺激を与えて脳の活性化を図ります。アメリカのN.アンドリアセンという脳科学者は，脳には自ら変化し環境に順応する力，つまり与えられたものを受け止め，よい選択も悪い選択もする特徴があると報告しているように，私たちの脳は柔軟なのです。私たちの研究でも，コーディネーション運動を行ったグループの方が，情動面に安定した反応が見られました。

　ある保育園でのエピソードです。それまで先生方は，「体力向上」というと持久力や筋力を連想していたそうです。そのため体力向上には，一生懸命持久走を行ったり，スポーツ種目をするのがいいという固定観念があったと言います。しかし，子どもたちの体力は一向に高まら

ないし，休み時間に外で遊ぶ姿が増えません。どうしたものかと調べていくうちに，コーディネーション運動に出会いました。私たちが運動をする時，速さや距離といった最大値を求める場合と，判断や滑らかさといった最適値が必要とする場合があると気づいたと言います。そうこうするうちに，これらを融合したものがコーディネーション運動であると知りました。先生方は発想を転換し，朝の登園時や体操，外遊びの時間にコーディネーション運動を取り入れてみると，これまでにない体力向上に成果が見られました。

図1　コーディネーション運動前後の比較 (足立区報告書，2013)

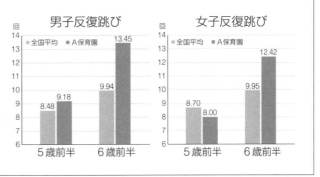

　コーディネーション運動は，コーディネーション能力の開発・改善と独自のコーチングにより子どものモチベーションアップをねらいにしています。しかし，それだけではなく短時間で条件や種目を変えて，様々な刺激を与える中で運動量も確保しているのです。その結果，筋肉にも自分の体重を使った刺激になっているため，補強運動のような役割を果たしています。加えて，体の使い方も上手になり，面白いからつい動いてしまい，知らず知らずのうちにエネルギー系＝体力も向上しているのです（**図1参照**）。

　一方，田中教育研究所（2002，2008）は，全国の幼稚園・保育園の子どもの運動能力を調査しました。その結果，運動指導が全くない園児の運動能力が2回ともトップという結果が出たのです。その原因は，特定の運動指導では同じ動きの繰り返しが多くなることや，順番待ちの時間が長くなることを挙げています。やり方やルールを大人が決めている園は，子ども任せで遊びの要素が多い園よりも能力が低いという結果も出ました。子どもがやりたい遊びを取り入れた方が，なまじ指導をするより運動能力が向上する可能性が高いことを示唆しています。幼児教育ブームに乗り，早くから特定のスポーツをさせたがる保護者は少なくありません。しかし，「遊び」が最も有効という事実は，もっと知られるべきではないでしょうか。

　そこで私たちは，R.カイヨワが定義した，「遊びの4要素（模倣，偶然，眩暈，競争）」（**表2参照**）をメニュー作りに反映させています。遊びには，その根源にある気晴らしと気ままの欲求，即興と陽気という原初的能力（パイディア）から，それが制度を獲得し無償の困難の愛好（ルドゥス）となるまでの，「騒ぎからルール」への広がりがあると，カイヨワは規定しま

した。5つのコーディネーション能力を4つの形式とカイヨワの遊びの要素を踏まえて構成するという明確な基準を持つことは，前述しましたが再現性のある科学的コーチングにつながります。

表2　カイヨワの遊びの4要素を含む例

要　素	内　容
模倣（ミミクリ）： イメージや現実を真似る遊び	保育者や友だちの動きを真似る，動物ジャンプなど
偶然（アレア）： 実施者に決定権がない遊び	じゃんけんや保育者の合図など
眩暈（イリンクス）： 平衡感覚を惑わす遊び	ハザード運動やローリング，ジグザグに動く，ジャンプなど
競争（アゴン）： 勝敗や達成によって終わる遊び	ゲーム形式，各種オニごっこなど

6 「行動体力」と「防衛体力」を育むコーディネーションの効用

　体力は大きく2つに分けられます（図2参照）。「行動を発現する能力」「行動を持続する能力」「行動を調節する能力」といった，実際に体を動かし行動する身体的な能力のことを，「行動体力」と言います。一方，病気やストレスに対する免疫力や抵抗力，環境に適応する能力，体温調節などは，「防衛体力」になります。私たちが体力と言うと，行動体力をイメージしがちです。

　しかし，子どもたちの体力が低下していると言われている現代，実は，子どもたちの体力は行動体力だけでなく，防衛体力も低下しています。最近の研究では，アレルギー性鼻炎やアトピー性皮膚炎など，アレルギーの子どもたちが増え，起床時の体温が36度に達しない低体温の子どもたちも4，5人に1人いると報告されています。防衛体力の低下は，疲れやすさ，生活習慣病，精神的な不安定性等とも関連しているため，大きな問題となってきています（松田，2014）。

　コーディネーション運動では，子どもたちと一緒に考え，創っていきますが，「約束コーデ」のように子どもたちに適度なストレス（負荷）をかけて，楽しみながらストレス耐性を高める工夫をしています。あるいは，「笑いの効用」といった言葉があるように，笑うことで心身に影響を与えることも多いので，子どもたちとはいつも自然な笑顔を心がけるといいですね。

図2　体力の構造 (猪飼, 1969)

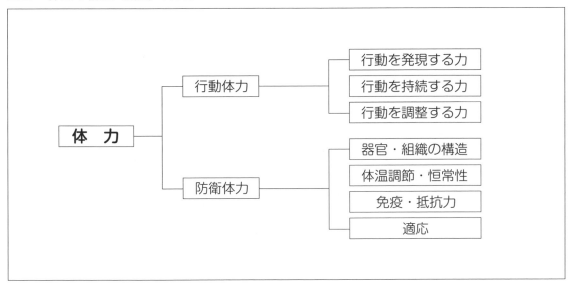

7　年齢やレベルに応じたコーディネーション運動を導入

表3　発育に合わせた基本の内容

年　齢	主な内容と特徴
3歳未満	まずは，保育を優先します。サーキット形式を中心に，子どもの発育に合わせた「今できていること」に基づいた内容にします。
3歳	**操作能力**：ぎこちない，**リズム能力**：グーパー，**バランス能力**：両脚やハイハイ，**反応能力**：単純反応，**認知能力**：3歳後半からゲーム性を入れます。
4歳	**操作能力**：粗削り，**リズム能力**：2人でグーパー，**バランス能力**：ケンパー，**反応能力**：選択反応，**認知能力**：ジャンケン，リレー形式
5歳	**操作能力**：滑らかさ，巧みさ，**リズム能力**：ゆっくり，**バランス能力**：前後左右，**反応能力**：動きの切り換え，**認知能力**：どこに何があるかの判断

表4　乳・幼児期におけるコーディネーション能力の発現

年齢＼能力	操作能力	リズム能力	バランス能力	反応能力	認知能力
1歳	△	△	△	△	△
2歳	○	△	△	△	△
3歳	◎	○	○	○	△
4歳	◎	◎	◎	◎	○
5歳	◎	◎	◎	◎	◎

1～2歳児によく見られるケース

　音楽に合わせて動く課題の時，①先生の動きに合わせて動く子，②動かないけれども先生や友だちの動きをじっと見ている子，③夢中に動き回っている子に分けられると思います。コーディネーションの視点からは，①の子は，リズム・バランス能力の発現が早い子（早熟タイプ），②の子は，認知はできているがどのように体を動かすのかというリズム・バランス能力が①の子に比べ遅い子と言えます（晩熟タイプ）。

　そこで，サーキット形式による4種類程度のコースを設定すると，全員が参加して取り組むことができます。くぐる・転がる・坂道・渡るなどを設定してみてください。

　幼児期におけるコーディネーション運動では，3歳児が一番難しいと思います。コーディネーション能力と体の発達のバランスが原因ではないかと考えられます。また，子どもたち同士の「個人差」が目立つ時期でもあると思われます。

4～5歳児の場合

　様々な動きや運動ができます。だからこそ，子どもたちからのアイデアを大切にしてほしいと思います。これまでに動きを学習していますので，動きのイメージや神経回路を相当持っています。新しい動きを創意工夫できるようになります。跳び箱や逆上がりを覚えるより，子どもたちからの発想を優先していくべきと考えます。英語に例えると，跳び箱や逆上がりは，文法。子どもたちからの発想は，自ら単語を見つけている状況と言えるでしょう。どちらが将来役立つか，はっきりしていると思いますが，いかがでしょうか。

8　アレンジにチャレンジ！

　保育者の皆さんも子どもと一緒に取り組みましょう！　保育者の皆さんは，本書の基本をもとに子どもからの動きや言葉を拾い，アレンジしてみましょう（詳細はPart 7）。例えば，「ねらい・時間・種目（メニュー）」を設定し実際に指導に入ります。運動中に子どもたちが発する言葉や行動を注意深く観察し，それに対してどのような声がけをし，その時の子どもの反応はどうであったかを記録します。メニューは保育者が考えたものだけを教えるのではなく，子どもたちと一緒に創りあげる方がより楽しく，様々なメニューを作り出すことが出来ます。

　保育が一定のことを教えて覚えさせる仕事ではなく，深いところにしまい込んであるそれぞれに形態の異なる子どもの大事な，「宝物」を探し当てたり，掘り起こしたりする仕事と考えてみてください。幼児の現場におけるコーチングサービスを，「目的を達成するために，保育者と子どもたちが共同で取り組む知的活動を促進する行為・技能」と置き換えてみてください。子どもの動きや発言から子どもたちが気づいていない，「宝物」探しをしてみましょう。なによりも保育者の皆さんが楽しくなってきます。

9 コーチングとコーディネーションはセット

モチベーションの高まり

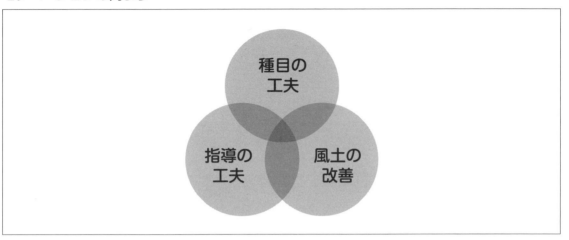

　運動に取り組む主体（子どもたち）の動機づけを高めるためのアプローチが，コーチングです。私たちが提案するコーチングとは，「目的を達成するために，コーチ（保育者や保護者）とプレーヤー（子どもたち）が共同で取り組む知的活動」を言います。コーディネーション運動を行うにせよ，各種トレーニングを行うにせよ，そこには必ずコーチングが伴います。コーチング次第でせっかくの内容がうまく伝わらず，子どもをはじめとする受け手側が心地よい経験ができなかったとすると，とてももったいないことになります。いわんや今や社会問題にもなっている，スポーツ現場における「暴力」や「体罰」など論外と言うしかありません。私はコーチングを一言で表すならば，『動機づけ』ととらえています。

　コーチングは，指導する側とされる側によって成り立っている「共同作業（team work）」です。主体が子どもでも高齢者でも，その基本は変わりません。私が基本としている点は，次の3点です。

① Enjoy Coaching ―指導者自らが楽しむ
② Humanistic Coaching ―立場が異なるだけで人格は対等
③ Strategic Coaching ―多角的な視点を持つ

　まず，基本①「Enjoy Coaching」のキーワードは，「フロー体験」と「コミュニケーション」です。米国の心理学者チクセントミハイ（1996）によれば，フロー体験とは，「一つの活動に深く没入しているので，他の何ものも問題とならなくなる状態であり，人は高いレベルの集中力を示し，楽しさ，満足感，自尊感情の高まりなどを経験する」状態とされます。夢中になっている状態と言い換えることもできるでしょう。時間があっという間に過ぎ，心地よい疲

労感が残る経験をした方は少なくないと思います。指導者がこの状態で指導していると，自ずと指導される側に非言語のコミュニケーションによって伝わります。このことは，アメリカの心理学者のメラビアン（1971）による，「コミュニケーションは，言語による情報（verbal）7％，聴覚情報（vocal）：声の質（高低），速さ，大きさ，テンポなどが38％，視覚情報（visual）：見た目，身だしなみ，しぐさ，表情，視線などが55％」という研究報告からも明らかです。明るく，温もりのある雰囲気創りをいつも心がけたいものです。

　非言語のコミュニケーションは，指導される側にも表れます。したがって，指導時には五感をフル稼働して観察する必要があります。指導していると，教えていない動きを偶然行ってくれる時があります。これを見逃さないようにしたいものです。すぐに「拾い上げて」みんなに知らせ，共有化を図るようにします。決して，教えていないことはやってはダメと「切り捨てない」でください。創造性や好奇心が萎んでしまう大きな原因になるからです。

　ユダヤ人の生活の知恵が書かれている『タルムード』に，「なぜ耳と目が2つで，口が1つか？　それは，話す倍，聞いたり，見たりするためですよ」という説話があります。運動指導時は特に，保育者がよく見て，よく聞くようにしましょう。

　基本②「Humanistic Coaching」は，指導する側とされる側が互いに尊重し認め合う関係づくりです。「カウンセリングマインド」と「信頼」（I'm OK, you're OK. あるいは win-win の関係）を大切にします。

　カウンセリングにおいて，クライアント中心療法を提唱したロジャース（1960）は，徹底的傾聴，共感的理解，ありのままに受け入れる純粋性，無条件の肯定的尊重をコンセプトにしていました。コーディネーション運動の指導においても同様のことが言えます。例えば子どもたちを指導する場合，子どもたちの声や動きを観察し，失敗しても寛容に受け入れ，うまくいった時は一緒に喜ぶという行動が大切です。

　ビジネス分野でXY理論を提唱したマグレガー（1955）もまた，人は本来信頼できる存在で，環境を整えたならば自ら率先して行うという「Y理論」による経営を推奨しました。子どもたちを受け入れ，一生懸命取り組む姿勢を認め，失敗をとやかく言うのではなく，むしろ「もうちょっと」「惜しい！」と励まし失敗への不安を取り除いて開放的な雰囲気・環境を設定したならば，伸び伸び思い切ってコーディネーション運動を行います。山本五十六の「やってみせ　言って聞かせて　させてみせ　ほめてやらねば　人は動かじ」も根源は同じ哲学でしょう。「できない」のではなく，「知らない」のです。心を込めて懇切丁寧に教え，相手の立場に身を移し，温かく見守ってあげましょう。

　また，運動が苦手と思い込んでいる子ども（大人も）に目を配り，何か一つでもできるメニューを入れるようにします。どんな些細なことでもできた時，あるいは取り組んだ時，間髪を入れず思いっきり一緒に喜んであげましょう。子どもたちの大きな自信になり，動機づけが一気に高まります。私はこれを，「達成感のふりかけ」と言って，必ず入れるようにしています。

基本③「Strategic Coaching」の背景には，「ブレインストーミング（以後，ブレスト）」と「水平思考」という理論があります。ここで言うStrategy（戦略）とは，具体的な手段としてのコーチングサービスの，基となる考え方・哲学を意味します。

ブレストは，オズボーン（1953）が開発した集団による企画案づくりや会議・ミーティング等で用いる発想法の一つで，①批判厳禁，②自由奔放，③質より量，④融合改善の４つのルールで行います。この４つは，発想を促進するために欠かせないルールと言えます。コーチングにおいてもこのまま当てはまると思います。出来る，出来ないよりも自由に取り組み，いろいろな動きを様々取り入れていきます。これを私たちは「動きのブレスト」と呼んだりしています。

運動のプログラムを改善する時など，Plan（計画）− Do（実行）− Check（評価）− Action（改善）のマネジメントサイクルを実施する際は，デボノの「水平思考」がポイントになります。水平思考とは，先入観や固定観念にとらわれず，多角的視点で物事を考える思考法を言います。私が１年間直接指導を受けた川喜田二郎（KJ法の創始者，1992）も，アイデアを考える時や情報・データを整理分析する時，「ありのままに受け入れる」「飛び石伝いに思考を拡散していく」等，水平思考と重なる部分が多くありました。単にポジティブ思考をするのではなく，現実を直視し，様々な角度から課題を解決しようとする姿勢が大切ではないでしょうか。

さらに，一人で考えるのもいいのですが，ブレストでグループ討議をすると，これまで気づかなかった点を知ることが少なくありません。これまでの知識や経験も大切ですが，大切にし過ぎて，大事なものを見逃してしまうことはよくあります。コーチングの際は日々変化を続ける子どもたちから高齢者を相手にします。真っ白で新鮮な心で，接したいものです。

そこで本書では，上記３つのコーチングを展開するための具体的な方法として，以下の５項目を挙げます。

①軸移動理論

この理論の発端は，KJ法（川喜田，1992）にあります。川喜田は野外科学における定性的なデータ（言葉や動きなど）をまとめる方法として，KJ法を考案したのですが，定性的なデータをまとめる際に，「おのれを空しくして，データの語る声に従って，虚心坦懐に」と指摘しています。保育の現場も同様に，子どもたちのあるがままの姿を忠実に観察しなければなりません。そして現場で行う時は，「おのれを空しくして，子どもに軸を移し⇒子どもが出来ている動きを見つけ，子どもが発する言葉を拾う⇒みんなで反復・復唱して共有する」となります。

②ブレスト

ブレストのルールは，前述のとおり，「批判厳禁・自由奔放・質より量・融合改善」になります。このルールを指導の場に応用するという考え方です。具体的には，

批判厳禁：子どもの発言や動きを否定しないでください。無条件に受け入れるというルールで

す。
自由奔放：安全性が確保されているのであれば，子どもに最大限の自由を認めてください。私たちは，「最大限の自由と最小限の規制」と呼んでいます。
質より量：最初から正確に行うことを求めないでください。失敗するということは，チャレンジしているから生まれる結果です。「失敗は成功の基」と言うように，失敗をかけがえのない経験ととらえてください。失敗を恐れず，ドンドンチャレンジする子どもを育てましょう。
融合改善：子ども同士のアイデアを結び付けることや子どもと保育者のアイデアを融合させてみてください。新しいメニューが創られます。

　子どもたちは，自分たちのアイデアが入ったメニューをとても大切にします。保育者がブレストのルールに則りメニューを行うと，子どもたちからいろいろなアイデアが出てきます。軸移動理論に基づき拾ってつなぐのですが，ブレストを用いることで子どもたちからのアイデアや意見が噴出してきます。「先生！　見て，見て！　こんなのどう？」「先生，これ考えた！」子どもと一緒になって創る環境が生まれてきます。

③動機づけ

　動機づけには，大きく外発的動機づけと内発的動機づけの２つがあります。私たちは内発的動機づけに重点を置きますが，保育者からの称賛や言葉がけ，みんなの前に出てお手本となってもらうなどその子どもの外から受ける報酬と呼ばれる，外発的動機づけのタイミングと量も大切と考えています。内発的動機づけは，デシ（1971）の理論を応用しています。デシは内発的動機づけの要因として，「自己決定・有能感・関係性」を挙げています。コーディネーション運動を通じて，子どもたちが自己決定をする機会を頻繁につくることは，子どもたちの内発的動機づけを高めるだけでなく，自己肯定感や自己責任感を身につける経験にもなります。そしてこれらの体験を通じて子どもたちは，「自立」へと進んでいきます。逆に言うと，自己決定の経験をしていない子どもは，依存性が強くいわゆる親離れしない，あるいは指示待ち族と呼ばれるようになります。

④ must & will

　must はルール（約束），will は意志という意味です。子どもたちに，「こうしないといけません。これをしなさい」ということは約束についてのみです。動きについてまでも，must を用いていませんか。こうなるとやらされているということになります。型や枠にはめても運動感覚は育ちません。そこで動きについては子どもたちの，「こうしたい　これはどう？」という子どもの意志を大切にしていきます。ここでも「最大限の自由と最小限の規制」です。保育者と子どもたちみんなで約束を決め，子どもたちが自由に意志を表現できる環境を整えてください。

⑤ユーモア

　ユーモアは余裕です。余裕がないと生まれてこない産物と言われています。失敗しても笑顔

で,「惜しいね！ もうちょっとだったね！ 次はどうする？」などと言葉をかけてみてください。子どもたちは,失敗を恐れず,失敗を活かしてさらにチャレンジします。子どもからのアイデアについても,意外性のあるユニークなメニューが飛び出してきます。そんな時も,「面白い！ どうやって考えたの？」と問いかけてください。子どもたちはもっと考えるようになります。常識や保育者の頭の中にある枠や型にとらわれない,自由な発想と新たな価値を創造する風土や雰囲気を創り出してください。

　子どもたちとコーディネーション運動をする際に,是非意識していただきたい保育者の皆さんの態度があります。それは,①個人の価値と意義の尊重,②個人の自己決定の能力を信頼する態度です。まず第一に重要な点は,子どもたち一人ひとりの人間の持つ重み,そのかけがえのなさを保育者が十分に認識しているかどうかです。保育者が一人ひとりの人間を価値ある存在として認めている場合には,子どもたちに対する保育者の一つ一つの応答・態度・語調等々に現れます。子どもからの一つ一つの言葉の重さとそれに込められたその子独自の感情を受け止めるという保育者の基本姿勢です。第二に重要な点は,子どもたちの自己決定の能力を信頼できるかどうかという点であり,どこまで深く保育者が感じとっているかということです。子どもを決められた方向に導くのは当然であると思っているのでは,大きな差異が生じます。子どもたちが,「自立」を獲得するには,自己決定を経験する必要があります。自己決定が基盤となり,自己責任感や自己肯定感を得られるようになります。保育者の皆さんも,寄らば大樹の陰で,先達のパターンを真似ることによって安心感を得ようとせず,自分自身への信頼を大切にしてください。

Part 2
歩く動作・走る動作を取り入れた コーディネーション運動 10

▶歩く動作・走る動作を取り入れたコーディネーション運動のポイント

　幼児にとって，歩く動作はハイハイ，高這い，ずり這いに続く移動手段となります。そして人間だけが二足歩行が出来ることからも決して簡単なことではなく，うまく体のバランスをとりながら行う高度な運動だと言えます。歩く動作や走る動作は心肺機能向上にもつながります。また4つの遊びの要素に，「眩暈」（R.カイヨワ）があるように，「歩く」「走る」は大好きですが，反面，筋力や関節は未発達です。大好きな運動だからと言って同じことを続けていれば筋力が疲れ，精神的にも集中力が途切れてしまいます。コーディネーション運動では，「歩く」「走る」そのものの動きを繰り返すのではなく，様々な動きに変化させ，「多種多様」「質よりも量」のメニューに発展していきます。

	基本動作	展開方法	発展・変化
歩く	大股で つま先で かかとで 横歩き ギャロップ スキップ 後ろ歩き 止まる 方向を変える	まっすぐ クネクネ ジグザグ またいで ハザード ロープの上 ラインの上 動きの組み合わせ	合図で止まる，動く（ストップ＆ゴー） リズムを変える（はやく，ゆっくり） 方向を変える（前後・左右） よける 坂の上り下り 2人組で合わせて歩く（前後・並列）
走る	小股で 大股で 後ろ向き 止まる 方向を変える	まっすぐ クネクネ ジグザグ ピョンピョン またいで ハザード ゲーム化 時間で 回数で 子どものアイデア	合図で止まる，動く（ストップ＆ゴー） リズムを変える（はやく，ゆっくり） 方向を変える（前後・左右） よける 坂の上り下り 2人組で合わせて走る（前後・並列）

【表の活用方法について】
※基本動作ができたら，展開方法でいろいろな動きを経験してみましょう。
　様々な動きがしっかりとでき，楽しめてきたら，子どもたちの様子を見ながら，発展・変化の動きにもチャレンジしてみましょう！

1 ストップ&ゴー

□ 対象年齢…3歳以上　□ 用意するもの…なし

合図に素早く反応して動いたり，止まったり！

伸ばす能力	バランス	リズム	反応	操作	認知
展開の形式	ジャンプ	グループ	ハザード	ゲーム	
遊びの要素	模倣	偶然	眩暈	競争	

進め方

①保育者の笛の合図で走り回り，次の笛の合図で止まります。
②保育者を中心とし，同じ方向に走ります。

バリエーション

①ロケットのポーズで止まります。

②子どもからのアイデアで行います。

じゃんけんシャトラン

□ 対象年齢…4歳・5歳　□ 用意するもの…なし

運動が苦手でもついつい動いてしまう

伸ばす能力	バランス	リズム	反応	操作	認知
展開の形式	ジャンプ	グループ	ハザード	ゲーム	
遊びの要素	模倣	偶然	眩暈	競争	

進め方

① 2人組で向かい合い，手でじゃんけんをします。
② 勝った子は，負けた子の周りを1周します。

ジャンケンポン

 バリエーション

① 足でじゃんけんをします。

② グーで勝ったら，グージャンプで1周します。（チョキならチョキ，パーならパー）

3 バリアンゲーム

□ 対象年齢…3歳以上　□ 用意するもの…なし

友だちをうまくよけながら動く

伸ばす能力	バランス	リズム	反応	操作	認知
展開の形式	ジャンプ	グループ		ハザード	ゲーム
遊びの要素	模倣	偶然		眩暈	競争

進め方

① 2人組を作ります。1人は座り，もう1人は走り回ります。
② 笛の合図とともにペアになっていたところへ戻り座ります。

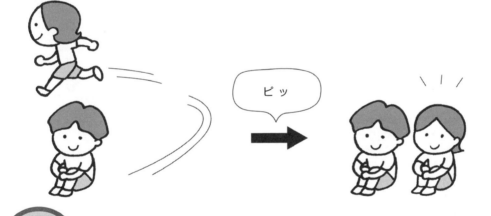

バリエーション

① スキップやケンケンで回ります。

② 時間や回数を決めて行います。

4 噴水コーデ

□ 対象年齢…3歳以上　□ 用意するもの…なし

勢いのある噴水にしましょう！

伸ばす能力	バランス	リズム	反応	操作	認知

展開の形式	ジャンプ	グループ	ハザード	ゲーム

遊びの要素	模倣	偶然	眩暈	競争

進め方

①2列縦隊に並びます。折り返し地点に保育者が立ちます。
②隣の子と手をつなぎ，走り，折り返し地点で手を離し外回りをして戻ります。
③前のペアがスタートしたならば，後ろのペアはすぐにスタートします。

①戻ったならば，場所を変わります。

②スキップで行います。

5 逆オニ

□ 対象年齢…4歳以上　□ 用意するもの…なし

オニが逃げるという、これまでとは違うオニごっこ

伸ばす能力	バランス	リズム	反応	操作	認知
展開の形式	ジャンプ	グループ		ハザード	ゲーム
遊びの要素	模倣	偶然		眩暈	競争

進め方

①オニは1人。オニが逃げて、他の子はオニをタッチしに行きます。
②オニにタッチしたら、今度はタッチした子がオニになります。
③オニ以外は、3秒静止です。

逃げる　　　　　　　　　　　タッチしに行く

バリエーション

①ステップを変化させます。
（スキップ・ケンケンなど）

②2人組で行います。

6 モグラオニ

□ 対象年齢…3歳以上　□ 用意するもの…なし

知らぬ間に足の筋力が付いちゃう

伸ばす能力	バランス	リズム	反　応	操　作	認　知
展開の形式	ジャンプ		グループ	ハザード	ゲーム
遊びの要素	模　倣		偶　然	眩　暈	競　争

進め方 123

① オニ（保育者）は1人。
② オニにタッチされそうになったなら、その場にしゃがみます。
③ しゃがんでいる時間を決めます。

「タッチしちゃうぞ～。」
「しゃがむ！」

---

① オニを増やします。　　　　　　　　　② 屋外の場合は、影を踏みます。

お約束ゲーム

□ 対象年齢…3歳以上　□ 用意するもの…なし

楽しみながらルールやマナーが身につく

伸ばす能力	バランス	リズム	反応	操作	認知
展開の形式	ジャンプ		グループ	ハザード	ゲーム
遊びの要素	模倣		偶然	眩暈	競争

進め方

①今日のお約束を一つ決めます。例えば，「お友だちにぶつからないで動けるかな？」
②子どもたちからの回答に合わせて，何人までならみんなの勝ちか保育者の勝ちか決めます。
③運動の時間の終わりに，判定します。

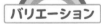

バリエーション

①お約束を二つにします。

②子どもたちが決めます。

8 スペースチェンジ

□ 対象年齢…3歳以上　□ 用意するもの…なし

友だちの動きをよく見て動く

伸ばす能力	バランス	リズム	反応	操作	認知
展開の形式	ジャンプ	グループ	ハザード		ゲーム
遊びの要素	模倣	偶然	眩暈		競争

進め方
①室内の両端に分かれます。
②保育者の合図で反対側に走って移動します。

バリエーション

①移動の仕方を変えます。
　（スキップ，ジャンプなど）

②手をつないで行います。

9 リアクションラン

□ 対象年齢…3歳以上　□ 用意するもの…なし

集中力と保育者のことばを聴く力が付いてくる！

伸ばす能力	バランス	リズム	反　応	操　作	認　知
展開の形式	ジャンプ	グループ		ハザード	ゲーム
遊びの要素	模　倣	偶　然		眩　暈	競　争

進め方

①線をはさんで，2人組で向き合います。
②ドラえもんとドラミちゃんに分かれます。
③保育者が，「ドラえもん」と言ったなら，ドラえもん側の子が走って，壁にタッチして戻ります。

ドラミちゃん　　　　　　　　　　ドラえもん

バリエーション

①笛の鳴る回数で判断します。

②スタートの姿勢を変えます。

10 じゃんけんダッシュ

□ 対象年齢…4歳以上　□ 用意するもの…なし

判断力と同時に走る力が付く！

伸ばす能力	バランス	リズム	反応	操作	認知
展開の形式	ジャンプ	グループ	ハザード	ゲーム	
遊びの要素	模倣	偶然	眩暈	競争	

進め方
① 2人組になり，手や足でじゃんけんをします。
② 負けた子は待ちます。勝った子はラインまで走り，ラインを踏んで戻ってきます。これを繰り返し行います。

ジャンケンポン　　　待つ　　　走る

① 負けた子が指示を出します。
（スキップ，ジャンプなど）

② 負けた子はその場でグーチョキパー。

グー，チョキ，パー

コーチングの視点
じゃんけんシャトランの場合

軸移動理論

　じゃんけんをする時に，子どもたちはどのような動きをしているでしょうか？ リズムをとったり，ジャンプをしながら行っていることもあるでしょう。子どもたちの動きをよく観察し，出来ていることを伝えます。そして，他の子どもたちにもその動きを伝えみんなで共有し実施します。その他，じゃんけん時の動作だけでなく，回っている時の動きなども観察してみましょう。

ブレスト

　「じゃんけんで勝った子はどのように回りますか〜？」と問いかけてみましょう。子どもたちからは，「ジャンプして」「ケンケンしながら」「股の下を通る」など様々なアイデアが出てくるでしょう。保育者は自身の考えにこだわることなく，子どもたちから出たアイデアを批判することなく取り入れます。

動機づけ

　子どもたちから出たアイデアを，みんなで挑戦します。自身で決めたことが達成できたなら，「やったー！」と喜ぶでしょう。これが有能感です。有能感を体感した子どもたちは，その後もう少し難しい動きにも挑戦するようになります。

must&will

　「じゃんけんをして負けた（または勝った）人の周りを回る」がルールとなり，「こうしたい！」は子どもたちの意志となります。子どもたちからは保育者（大人）では想像もつかない楽しい動きが出てくるでしょう。子どもの「こうしたい！」をいつも意識しましょう。

ユーモア

　子どもたちにアイデアを出してもらいますが，メニューからかけ離れたアイデアだったり，時にはふざけてしまう子も出てきます。そのような場面では，「違う！」と叱るのではなく，「今それをするんだっけ？」と本人が気づくような言葉がけ，配慮や余裕が保育者には求められます。

Part 3 跳ぶ動作を取り入れた コーディネーション運動 6

▶跳ぶ動作を取り入れたコーディネーション運動のポイント

　幼児にとって，20m走と立ち幅跳びに高い相関関係があるように，跳ぶ動作は足筋を使うため足を速くするための手段でもあります。縄跳びのような自重負荷を使用するジャンプ運動は足底筋に適度な刺激を与え足裏のアーチを形成します。また，自重負荷でのジャンプ運動は全身の筋力をバランスよく使い，脳にも適度な刺激が届きます。さらには4つの遊びの要素，「眩暈」（R.カイヨワ）があるように，「跳ぶ・回る」は子どもが夢中になる動きであり，子どもにとっては遊んでいる感覚で運動能力が向上できます。運動をする環境が狭くても，「跳ぶ動作」は十分可能であり，子どもたちは夢中になって動くうちに，足を速くすることは十分に可能なことと言えます。

　「走る」場合は，「速い，遅い」がはっきりと見えるのですが，走ることが苦手な子どもでも，その場で「跳ぶ」動作には，「速い，遅い」や「出来た，出来ない」が見えにくくなります。そのため，どんな子どもでも安心して取り組む傾向があるようです。中でも，グーパージャンプや足じゃんけんは，子どもたちの人気メニューになっています。みんなが一緒にできるので，さらに楽しくなるようですね。

	基本動作	展開方法	発展・変化
跳ぶ	高く 遠くに 大きく 小さく 両足 片足 グーチョキパー その場で 移動して 回って 止まる	1人で 2人以上で 障害物を越える 自由に 位置を決めて 連続で 組み合わせて 手をついて跳ぶ 回りながら ハザード 左右に揺れながら	リズムを変える（はやく，ゆっくり） 2人組で合わせて跳ぶ（相手に合わせて・逆で） 障害物を越える（ハザード・ビーム） 時間で 回数で 子どものアイデア ゲーム化（リレー形式） 距離を決めて 音楽に合わせて

【表の活用方法について】
※**基本動作**ができたら，**展開方法**でいろいろな動きを経験してみましょう。
様々な動きがしっかりとでき，楽しめてきたら，子どもたちの様子を見ながら，**発展・変化**の動きにもチャレンジしてみましょう！

グーパージャンプ

□ 対象年齢…3歳以上　□ 用意するもの…なし

動きと声を合わせて行う

伸ばす能力	バランス	リズム	反応	操作	認知
展開の形式	ジャンプ	グループ		ハザード	ゲーム
遊びの要素	模倣	偶然		眩暈	競争

進め方

①保育者の真似をしてジャンプをします。
②グージャンプ，パージャンプ，グーパージャンプなど保育者の合図に合わせながら行います。

グー

パー

①ステップを変化させます。
（「グー，パー，グー」「グー，グー，パー」など）

②2人組で行い，合図で前後を変えます。

2 リアクジャンプ

□ 対象年齢…3歳以上　□ 用意するもの…なし

保育者の動きをよく見て動く

伸ばす能力	**バランス**	リズム	**反応**	操作	認知
展開の形式	**ジャンプ**	グループ	ハザード		ゲーム
遊びの要素	**模倣**	偶然	**眩暈**		競争

進め方 1 2 3
① 保育者のジャンプを見てから，真似をしてジャンプします。
② 保育者が，「まえ」と言ったなら続いて，「まえ」と言って「1，2」で跳びます。

前に跳ぶ

バリエーション

① 手をつないで2人組で行います。

② 動きのテンポ（緩急）を変化させます。

ゆっくり　はやく

3 ジャンプジャンプレボリューション

□ 対象年齢…3歳以上　□ 用意するもの…なし

リズムや動きがいろいろ変わる！

伸ばす能力	バランス	リズム	反応	操作	認知
展開の形式	ジャンプ	グループ		ハザード	ゲーム
遊びの要素	模倣	偶然		眩暈	競争

Part 3 跳ぶ動作

進め方

①保育者の動きを見て，足じゃんけんの要領で足の動きを変えていきます。（グー・チョキパー，グー・パーチョキ，グー・グーグーなど）
②回転を入れます。（グー・チョキパーくるん）

グー　　チョキ　　パー

グーでタメをつくり，チョキパーを速くします。

回転します。

バリエーション

①子どもたちからリード役を募ります。

「前に出てやってみたい人〜？」
「はーい！」

②ペアで行います。

リズムジャンプ

□ 対象年齢…3歳以上　　□ 用意するもの…なし

友だちと一緒にリズムを合わせる

伸ばす能力	バランス	リズム	反応	操作	認知
展開の形式	ジャンプ	グループ	ハザード	ゲーム	
遊びの要素	模倣	偶然	眩暈	競争	

進め方

① 2人組になり，向かい合ってグーやチョキ，ケンケンで行います。
② 保育者の合図に合わせながら，横跳び・前後跳び・挟み跳び・片足跳びなどをします。

バリエーション

① リズムを変化させます。
（1拍跳び，2拍跳びなど）

② 「いっせ〜のグー，いっせ〜のパー」と言いながら2人で合わせていきます。

5 おっとっと

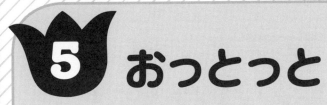

□ 対象年齢…3歳以上　□ 用意するもの…なし

片足でバランスをうまくとる！

伸ばす能力	バランス	リズム	反応	操作	認知
展開の形式	ジャンプ	グループ		ハザード	ゲーム
遊びの要素	模倣	偶然		眩暈	競争

①両手両足を広げて構えます。
②「ゆ〜ら（右足立ち）ゆ〜ら（左足立ち）おっとっと（右足で）」と言いながら動きます。

さいしょの構え　　　　ゆ〜ら　　　　ゆ〜ら　　　　おっとっと

①「おっととと」に変えます。

②「どすこい，どすこい」としこを踏みます。

6 動物ジャンプ（ウサギ・カエル・バッタなど）

□ 対象年齢…3歳以上　□ 用意するもの…なし

いろいろな動物の跳び方に挑戦！

伸ばす能力	バランス	リズム	反応	操作	認知
展開の形式	ジャンプ	グループ		ハザード	ゲーム
遊びの要素	模倣	偶然		眩暈	競争

進め方

①子どもたちと動物の特徴を考え，なりきって行います。
②保育者は子どもたちがイメージしやすいように伝えます。

ウサギさん

クマさん

バリエーション

①子どもたちからアイデアを募ります。

②「クイズ，クイズ」と掛け合いで！

> コーチングの視点
グーパージャンプの場合

軸移動理論

　グーパージャンプを実施する際，質に視点を置きすぎると，「グーパーをしっかりやりなさい！」となります。低月齢の子どもほどグーパーは正確ではありません。例えグーパーが出来ていなくても挑戦している態度や努力を見逃さず，今出来ていることを見つけ出すことが大切です。

ブレスト

　例えばグーパージャンプを2人で実施すると，子どもたちから，「グルグルと回りながら」「電車になって」「声を掛け合いながら」といろいろなアイデアが出てきます。保育者は可能な限り，多くの意見を取り上げます。保育者と子どもたちのアイデアを融合して実施するのもよいでしょう。

動機づけ

　「30秒で何回グーパーが出来るかな？」と回数を数えてみます。1回目が終了した時点で，「1回目より1つでも増えそうかな？」と問います。すると「増える～！」となり子どもたちの意志を引き出し，意志を持って運動に取り組むことができます。早くするにはどうすればよいのか，と話し合いが行われることもあります。

must&will

　「グーパーでジャンプをする」がmustであり，最初はシンプルに説明します。実施していく中で変化する部分は，子どもたちの発想や想像力の出番です。ルールは最小限にし，子どもたちが自由に意見を出せるムード（環境）を創りましょう。

ユーモア

　子どもたちはジャンプが大好きです。グーパージャンプは1人でも実施可能なメニューですが，2人以上で実施することで，「脳の島」を刺激するばかりか，子どもたちに笑みがこぼれ楽しく運動することができます。うまくできなかったことでもお互いに笑い合えることができます。明るい雰囲気（環境）創りも出来ますね！

Part 4 投げる動作・捕る動作を取り入れたコーディネーション運動 9

▶投げる動作・捕る動作を取り入れたコーディネーション運動のポイント

　近年,「投げる・捕る」が苦手な子どもたちが目立ちます。力が入り,腕が肩よりも高く上がらず後ろに回せないため,すぐ近くに落下してしまいます。公園でボール遊びが出来なくなっているといった環境の変化により,遊びの中で,「投げる・捕る」の経験が出来ないことも原因と言えます。一方で幼少期の頃から同じフォームで,「投げる・捕る」を繰り返すと,一般型(筋肉・骨・関節:スキャモン)が未発達であるためスポーツ障害やバーンアウトシンドローム(燃え尽き症候群)を引き起こす危険性があります。ですから子どもたちには,ボール,お手玉,風船,新聞紙を丸めた物など多種多様な道具や方法で,投げる動作・捕る動作を実施することが大切です。コーディネーション運動のメニューの一つである,「メンコ投げ」は腕を肩よりも後ろに回すことを,楽しみながら自然に身につけることが出来る方法と言えます。

	基本動作	展開方法	発展・変化
投げる	片手で 両手で 後ろに 前に 近くに 遠くに 強く 弱く ゆっくり 素早く フィニッシュ	上に 下に 横に 高く 低く 走って ジャンプして 股下から バウンドさせて ノーバウンドで 転がす	1人で(真下投法) 2人以上で(交互に・向かい合って) グループで(競争する) 時間を決めて 回数を決めて 子どものアイデア
捕る	片手で 両手で 足で 体のあらゆる部位で 立って 座って 寝て(腹臥位・背臥位)	掴んで 挟んで 押さえて 走って ジャンプして	転がるボールを捕る(体の一部を使って) 2人で向かい合って(ボールを転がす・投げ合う) ボールを集める(ボールギャザー)

【表の活用方法について】
※**基本動作**ができたら,**展開方法**でいろいろな動きを経験してみましょう。
　様々な動きがしっかりとでき,楽しめてきたら,子どもたちの様子を見ながら,**発展・変化**の動きにもチャレンジしてみましょう！

クラップキャッチ

□ 対象年齢…3歳以上　□ 用意するもの…テニスボール，風船，レジ袋

腕を素早く動かす力と捕る感覚が身につく

伸ばす能力	バランス	リズム	反応	操作	認知
展開の形式	ジャンプ	グループ	ハザード	ゲーム	
遊びの要素	模倣	偶然	眩暈	競争	

進め方
①テニスボールをバウンドさせます。
②再度，床につくまでに手を前，後ろで叩いてテニスボールをキャッチします。

バリエーション

①3歳は，風船やレジ袋を投げてあげます。　　②ペアで行います。

タッチキャッチ

□ 対象年齢…3歳以上　□ 用意するもの…テニスボール，風船，レジ袋

捕る力がどんどん付く

伸ばす能力	バランス	リズム	反応	操作	認知
展開の形式	ジャンプ	グループ	ハザード		ゲーム
遊びの要素	模倣	偶然	眩暈		競争

 進め方

① テニスボールをバウンドさせます。
② 再度，床につくまでに，頭・肩・膝の順番に触ってからテニスボールをキャッチします。

バリエーション

① 他の部位でも行います。　　　　　② 触る順番を変えて行います。

膝，肩，頭の順に

3 風船タップ&キャッチ

□ 対象年齢…3歳以上　□ 用意するもの…風船，レジ袋

投げたり捕ったりする力が付く

伸ばす能力	バランス	リズム	反　応	操　作	認　知
展開の形式	ジャンプ	グループ	ハザード	ゲーム	
遊びの要素	模　倣	偶　然	眩　暈	競　争	

進め方
①風船を手のひらで下からはじきます。（タップ）
②数回はじいてキャッチします。

バリエーション

①保育者が手を離した風船が落ちる前に，子どもは1周し，風船をキャッチします。

②ペアで行います。

メンコ投げ

□ 対象年齢…3歳以上　□ 用意するもの…フープ，紅白玉

腕を振る感覚が身につく

伸ばす能力	バランス	リズム	反応	操作	認知
展開の形式	ジャンプ	グループ	ハザード	ゲーム	
遊びの要素	模倣	偶然	眩暈	競争	

進め方
① フープを置いて，その中に紅白玉を投げ入れます。（上投げ）
② 紅白玉が，「バシッ」と鳴るように！
③ 投げ終わった後の，「フィニッシュ」が大切です。

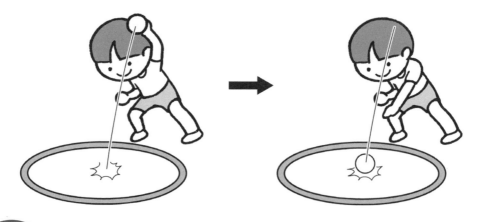

 バリエーション

① ペアになり，交互に投げます。

② フープを回りながら投げます。

5 背面スロー

□ 対象年齢…3歳以上　□ 用意するもの…フープ，ボール，レジ袋

距離感覚が身につく

伸ばす能力	バランス	リズム	反応	操作	認知
展開の形式	ジャンプ	グループ	ハザード	ゲーム	
遊びの要素	模倣	偶然	眩暈	競争	

進め方

①フープから3mほど離れて，背を向けて行います。
②フープの距離を予測しながら，ボールを下から投げて，頭の上を通りフープの中に入れます。
③投げた子が，すぐにボールを取りに行きます。

①フープとの距離を変えて行います。

②グループでリレー形式！

6 ころころイン

□ 対象年齢…3歳以上　□ 用意するもの…フープ，ボール

力加減だけでなく走る力も付いちゃう！

伸ばす能力	バランス	リズム	反応	**操作**	**認知**
展開の形式	ジャンプ	**グループ**	ハザード	**ゲーム**	
遊びの要素	模倣	**偶然**	眩暈	**競争**	

進め方

① 5m程度先にフープを置きます。
② フープの中にボールが止まるよう，力を調整してボールを転がします。
③ グループのリレー形式で行います。入らなかったら自分で取りに行き，入ったならば新しいボールを使います。

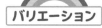

① フープとの距離やボールの種類などを変えて行います。

② フープを増やし，得点を変えます。

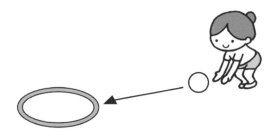
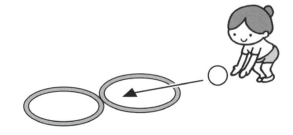

７ ころころ的当て

□ 対象年齢…3歳以上　□ 用意するもの…大ボール，小ボール

動く標的に当てる！

伸ばす能力	バランス	リズム	反応	操作	認知
展開の形式	ジャンプ	グループ	ハザード		ゲーム
遊びの要素	模倣	偶然	眩暈		競争

進め方
①保育者1名がボールを転がし，もう1人は対向線に立ちます。
②子どもたちは，小ボールを1個持って並んでおきます。
　保育者が転がした大ボールにめがけて，小ボールを当てます。
③投げた小ボールは，自分で取りに行きます。

バリエーション

①転がすボールの大きさを変えて行います。　　②子どもは2個の小ボールを持ちます。

8 爆弾ゲーム

□ 対象年齢…3歳以上　□ 用意するもの…紅白玉，長縄3本

知らず知らずのうちに投げる力が付く

伸ばす能力	バランス	リズム	反応	操作	認知
展開の形式	ジャンプ	グループ	ハザード		ゲーム
遊びの要素	模倣	偶然	眩暈		競争

進め方

①2チームに分かれます。
②スタートの合図で，相手陣内に紅白玉を投げ合います。
③3本の長縄の間には入れません。

バリエーション

①お友だちとペアになり，交互に投げます。

②自分の陣地にバウンドさせます！

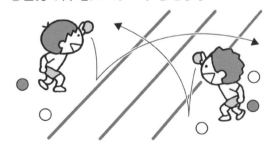

9 ジャンプタッチ

□ 対象年齢…3歳以上　□ 用意するもの…なし

腕を伸ばす感覚が身につく

伸ばす能力	バランス	リズム	反応	操作	認知
展開の形式	ジャンプ	グループ		ハザード	ゲーム
遊びの要素	模倣	偶然		眩暈	競争

進め方

①保育者は，子どもの身長に合わせて片手を前に伸ばします。
②子どもは，保育者の手のひらにジャンプしてタッチします。
③「アナロゴン（動きの類似性）」を用いたメニューです。
　（投げる動きと似ていませんか？）

バリエーション

①走りながら，片足ジャンプします。

②頭でタッチします。

> コーチングの視点
> # 風船タップ＆キャッチの場合

軸移動理論

　年齢に応じて出来ることを観察します。風船を，「両手で掴む」「手でタップする」「手以外の体の部位でタップする」「相手の風船とチェンジする」「数人で全ての風船を落とさないようにタップする」など風船をタップ＆キャッチするといってもいろいろな方法があります。対象年齢や参加者のレベルに合わせて方法を変えてみましょう。

ブレスト

　「風船をタップしてみよう！」と伝えると，子どもたちはいろいろな方法で実施します。その様子をよく観察し，子どもたちからの意見に耳を傾けましょう。例えば，「手でタップ」のルールであっても，手のひらと手の甲とでは違いがあります。そのような少しの違いを見つけ，他の子どもたちにも伝えみんなで実施してみましょう。

動機づけ

　「風船をどこでタップする？」「どんなふうにタップしてみようか？」と問答してみましょう。子どもたちからは，「手・足・頭・背中」などいろいろなアイデアが出てきます。中には，「手を一回床につける」など高度なアイデアもありますが，自己決定しているので夢中になって取り組み，成功した時には大変喜びます。子どもたちや保育者が，一緒になって喜びを共有するとさらにやる気が出てきます。

must&will

　ここでは，「風船をタップまたはキャッチ」がルールです。ゲーム形式で時間制限を設け，何回出来るかを数えます。すると風船を高く上げる子もいれば，なるべく上げないで細かくタップする子もいます。ルール違反でしょうか？　いいえ，決してルール違反ではなく，むしろ発想が豊かだと言えませんか？

ユーモア

　風船は落下時間が長いので，ボール運動が苦手な子どもでも楽しく取り組むことが出来ます。また，フワフワといろいろな方向に動くので，「偶然」があり楽しく取り組めます。

Part 5 全身を使った動きを取り入れたコーディネーション運動 10

▶全身を使った動きを取り入れたコーディネーション運動のポイント

　全身を使った動きの代表的なものにオニごっこがあります。追いかける人も逃げる人も5つの能力をフルに使う高度な運動と言えます。コーディネーション運動は子どもたちがどれだけ楽しく夢中になれるかに重点を置き，基本的な動きからさらにいくつかの視点を置き発展して行います。運動と言うと，「跳び箱・マット運動・鉄棒」など体育で行われている種目に固執しがちですが，昔から行われている遊びの中にも各能力を引き出す要素がたくさんあります。前項で，「歩く・走る・跳ぶ・投げる・捕る」コーディネーション運動について述べましたが，能力・形式・条件をそれぞれの組み合わせによって全身を使ったコーディネーション運動に発展していくことが容易に可能です。

	基本動作	展開方法	発展・変化
全身を使う	投げる 蹴る ジャンプ 歩く 走る 逃げる 追いかける しゃがむ 寝る 座る 転がる 回る 大きく 素早く 前後 左右 止まる 方向を変える	1人で 2人以上で チームで ハザード 模倣 ゲーム化 時間を決めて 回数を決めて 子どものアイデア 動きを組み合わせて 歌や音楽に合わせて	チームで（投げ合う・蹴り合う） リレー形式で（集める・運ぶ） 道具を使って（サーキット形式） オニごっこ（ルールを変えて）

【表の活用方法について】
※**基本動作**ができたら，**展開方法**でいろいろな動きを経験してみましょう。
　様々な動きがしっかりとでき，楽しめてきたら，子どもたちの様子を見ながら，**発展・変化**の動きにもチャレンジしてみましょう！

1 いろいろお座り

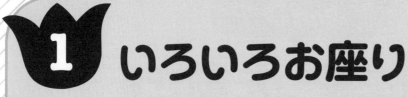

□ 対象年齢…3歳以上　□ 用意するもの…なし

格好よく座ることなんて簡単にできちゃう！

伸ばす能力	バランス	リズム	反応	操作	認知
展開の形式	ジャンプ	グループ	ハザード		ゲーム
遊びの要素	模倣	偶然	眩暈		競争

進め方

①はじめに，お山・赤ちゃん（長座）・お母さん・お父さん・お兄さん（チョウチョ）・ウルトラマン（片膝立ち）のポーズを確認します。
②保育者のかけ声で，子どもたちは素早く真似ます。
③子どもたちも声に出します。

バリエーション

①保育者は動きだけにします。

②保育者はかけ声だけにします。

2 いろいろタッチ

□ 対象年齢…3歳以上　□ 用意するもの…なし

保育者の声や動きに注意して、集中力を育てる

伸ばす能力	バランス	リズム	反応	操作	認知
展開の形式	ジャンプ	グループ	ハザード	ゲーム	
遊びの要素	模倣	偶然	眩暈	競争	

進め方

①保育者は、「先生と同じところを触ってね」と言います。
②保育者は、「頭」と発声して両手で頭を触り、子どもたちは素早く真似ます。
③子どもたちも声に出して触ります。

①他のメニューの時に行います。

②「頭」と言ったら、頭以外を触ります。

3 図形体操

□ 対象年齢…3歳以上　□ 用意するもの…なし

形を覚えながら全身を使った準備運動が出来る

伸ばす能力	バランス	リズム	反応	操作	認知
展開の形式	ジャンプ	グループ		ハザード	ゲーム
遊びの要素	模倣	偶然		眩暈	競争

進め方

①保育者と子どもたちが両手を伸ばして向き合います。
②保育者が,「ま～る」と伸ばした両手で,大きな「円」を描きます。
③保育者の「どうぞ」に続いて子どもたちは,「ま～る」と言って円を描きます。

バリエーション

①一緒に素早く小さな円を描きます。

②子どもからアイデアを募ります。

4 足うらタッチ

□ 対象年齢…3歳以上　□ 用意するもの…なし

前転・跳び箱・側転につながる運動

伸ばす能力	バランス	リズム	反応	操作	認知
展開の形式	ジャンプ	グループ		ハザード	ゲーム
遊びの要素	模倣	偶然		眩暈	競争

進め方

①保育者が「カエルさんになって，お散歩に行ってらっしゃ〜い」と言い，子どもたちを自由に移動させます。
②その場で両手をしっかりついて，お尻を上げて足裏をタッチします。

バリエーション

①何回タッチできるか挑戦！

「3回！」

②足でじゃんけんをします。

「パー」

5 クマ歩き

□ 対象年齢…3歳以上　□ 用意するもの…なし

腕で体を支える力が身につく

伸ばす能力	バランス	リズム	反応	操作	認知
展開の形式	ジャンプ	グループ		ハザード	ゲーム
遊びの要素	模倣	偶然		眩暈	競争

進め方

① 「クマさんになって，お散歩行ってらっしゃ～い」と言い，子どもたちを自由に移動させます。
② 保育者の合図で，カチンコチンの「氷」になります。

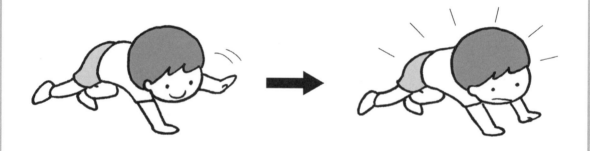

バリエーション

①足をケガしたクマ歩き。

片足は使えない！

②他の動物を子どもが決めます。

次はウサギ！

6 クロスタッチ

□ 対象年齢…4歳・5歳　□ 用意するもの…なし

> 難しいけれど夢中になってリズム感が身につく

伸ばす能力	バランス	リズム	反　応	操　作	認　知
展開の形式	ジャンプ	グループ	ハザード	ゲーム	
遊びの要素	模　倣	偶　然	眩　暈	競　争	

進め方

①その場で，右手を左足（右足立ち）にタッチしてから足を変えて，左手で右足（左足立ち）にタッチ。これを体の前で行います。
②次に，体の後ろで左足，右足を交互にタッチします。

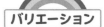
バリエーション

①前々後々を4拍子で行います。

1, 2, 3, 4
次は後ろ！

②2人でそろえて行います。

せーの！

7 進化ゲーム

□ 対象年齢…3歳以上　□ 用意するもの…ストップウォッチ

運動が苦手な子でも勝っちゃう!

伸ばす能力	バランス	リズム	反応	操作	認知
展開の形式	ジャンプ	グループ		ハザード	ゲーム
遊びの要素	模倣	偶然		眩暈	競争

進め方
① カエルから始まり，クマ⇨ツル⇨人間と進化します。
② 同じ動物同士がじゃんけんをして，勝ったならば次に進化していきます。
③ 人間になった子から保育者の横に並びます。

バリエーション

① 何秒で終わるか計ります。

② 子どもから動物のアイデアを募ります。

8 バリアオニ

☐ 対象年齢…3歳以上　☐ 用意するもの…なし

友だちと協力する心を育てる

伸ばす能力	バランス	リズム	反応	操作	認知
展開の形式	ジャンプ	グループ	ハザード	ゲーム	
遊びの要素	模倣	偶然	眩暈	競争	

進め方
①オニと子を1人ずつ決めます。
②残りの子どもたちは，ペアになって手をつなぎます。
③ペアになった子どもたちは，子をオニから守ります。
④守る時は，オニと子には触らないようにします。

①子を増やします。

②オニをコーナーに追い込んだら終了します。

9 いろいろ移動

□ 対象年齢…3歳以上　□ 用意するもの…なし

楽しみながら体幹を鍛えちゃう！

伸ばす能力	バランス	リズム	反応	操作	認知
展開の形式	ジャンプ	グループ	ハザード	ゲーム	
遊びの要素	模倣	偶然	眩暈	競争	

進め方
① その場で，「お山・赤ちゃん」座りを繰り返します。
② 反対側の壁まで，「お山・赤ちゃん」で移動します。

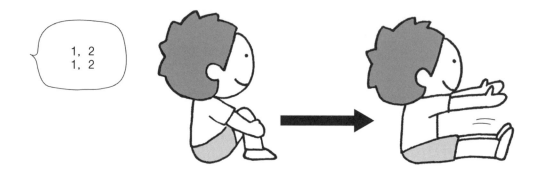

1, 2
1, 2

バリエーション

① いろいろなお友だちとハイタッチ。

② 後ろ向きで行います。

バックオーラ〜イ！

10 音楽コーデ

□ 対象年齢…3歳以上　□ 用意するもの…CD, CDプレイヤー

音楽に合わせるとさらに楽しくなる運動

伸ばす能力	バランス	リズム	反応	操作	認知
展開の形式	ジャンプ	グループ	ハザード	ゲーム	
遊びの要素	模倣	偶然	眩暈	競争	

進め方

①「グーチョキパーで，グーチョキパーで何ができるかなあ〜。左手がパーで右手もパーで？　チョウチョ，チョウチョ」でチョウチョになって動きます。
②「左手がグーで，右手がチョキで？」「左手がチョキで，右手もチョキで？」。

バリエーション

①「かえるの合唱」で行います。

②「カタツムリ」に挑戦！

> コーチングの視点
いろいろお座りの場合

軸移動理論

　いろいろタッチはお話を聞いてほしい時にとっても便利なメニューです。「座りなさい！」「静かに話を聞きなさい！」などと保育者が大きな声を出さなくても，「頭・おしり…お山座り」と続けるうちに子どもたちの目がこちらに集中し，自然にお話を聞ける姿勢になります。子どもたちが興味を持つことは何かを考え，保育者が子どもたちに合わせることで教室をスムーズに進めることも可能です。

ブレスト

　子どもたちに，「どんな座り方があるかな？」と問いかけると，長座を「赤ちゃん座り」，正座を「お母さん座り」と対象年齢ごとの子どもらしい表現が出てきます。子どもたちから自由奔放に質よりも量のアイデアを出してもらいましょう。そのアイデアに対して批判することなく，みんなで取り組みさらに発展させていきます。

動機づけ

　「お山座りをして！」では命令になってしまいますが，いろいろお座りの経過で上手にお山座りが出来た時に，「かっこいいね！」や，より具体的に「足がそろっているね！」と出来ている事実を伝えることで，指示されてやったのではなく，自らが決め，しかも出来たことを感じることで有能感を味わうことが出来ます。その結果，「次はこれに挑戦してみよう！」とやる気を持って取り組めます。

must&will

　ここでのルールは，「保育者に合わせて座る動作を変えること」です。中には保育者と違う動きをする子も出てきます。そのような時には，「違うことはやらないで！」ではなく，「新しい動きだね！　教えて！」などと子どもたちの発想や好奇心を大切にします。

ユーモア

　時には，保育者がわざと間違えて，言ったことと違う動きをすると子どもたちは大喜びです。楽しいばかりかまた何かやってくれるのでは，と集中して見るようになります。

用具・道具を使った遊びを取り入れたコーディネーション運動 15

▶用具・道具を使った遊びを取り入れたコーディネーション運動のポイント

　幼児にとって，用具や道具は遊び道具であり，道具があるだけで興味を引き，気持ちが高揚し，熱中して取り組むことが出来ます。また，子どもたちは一般的な使い方ではなく保育者が考えもつかないような面白い使い方をすることもあります。一般的な使用方法にこだわらず，道具の使用においても多種多様な考え方を受け入れ，子どもたちの発想（発言・行動）を大切にしていきます。また，道具は体操用具でなくても構いません。風船，牛乳パックを使って踏み台，新聞紙でボール，レジ袋は風船代わりなど身近にある用具を使用するのもよいです。身近にあるもので行うと教室以外でも子どもたちはコーディネーション運動を実施することが出来るため，運動能力がぐんぐん高まるでしょう。子どもたちが運動に興味を持って，楽しく，明るく運動に取り組めるような工夫をします。

	基本動作	展開方法	発展・変化
フープ	掴む 投げる 滑らす 転がす 落とす 回す くぐる 跳ぶ	1人で 2人で チームで 繋げて ハザード 回数で 時間で ゲーム化	転がして（掴む・くぐる） 回して（掴む・入る） 落として（入る・出る）
風船	片手で 両手で 体の部位を使って タッチ 掴む 挟む 蹴る	1人で 2人で チームで 運ぶ 入れる 入れ替わる 回数 時間 ゲーム化	タッチして（運ぶ・繋げる） 挟んで（運ぶ・入れる） グループで（繋げる・運ぶ）

【表の活用方法について】
※基本動作ができたら，展開方法でいろいろな動きを経験してみましょう。
　様々な動きがしっかりとでき，楽しめてきたら，子どもたちの様子を見ながら，発展・変化の動きにもチャレンジしてみましょう！

1 移動ジャンプ(縄)

☐ 対象年齢…3歳以上　☐ 用意するもの…長縄

跳ぶ力とともに，走る力も付いてくる

伸ばす能力	バランス	リズム	反応	操作	認知
展開の形式	ジャンプ	グループ		ハザード	ゲーム
遊びの要素	模倣	偶然		眩暈	競争

進め方

①長縄の前に5人程度が1列に並び，1人ずつ行います。
②縄に触れないように，ジャンプをして空中で足でグーをつくり，着地はパーになり前進します。

バリエーション

①4歳以上は，途中で後ろ向きに！

②5人以上が1列になり，そろえて！

2 跳ぶかくぐるか（縄）

□ 対象年齢…3歳以上　□ 用意するもの…長縄

素早い判断力を高めるゲーム

伸ばす能力	バランス	リズム	反応	操作	認知
展開の形式	ジャンプ	グループ	ハザード		ゲーム
遊びの要素	模倣	偶然	眩暈		競争

進め方

① 子どもたち全員の反対側に，保育者2名が長縄を持って立ちます。
② はじめは，「跳ぶよ〜」と言って，長縄を下にして子どもたちの方へ進み，子どもたちはこれをジャンプします。
③ 続いて，「くぐるよ〜」と長縄を上にして進みます。

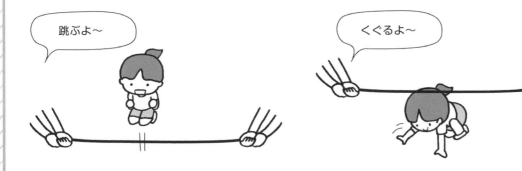

① 長縄に変化を付けます。　　② ペアになって行います。

3 フィッシング（マット）

□ 対象年齢…3歳以上　□ 用意するもの…マット

追いかけられるスリルがたまりません

伸ばす能力	バランス	リズム	反応	操作	認知
展開の形式	ジャンプ	グループ	ハザード		ゲーム
遊びの要素	模倣	偶然	眩暈		競争

進め方
①2人組で行います。
②一方がうつ伏せ（魚）になり，追いかける側（クマ）は2m離れます。
③「よ～い，ドン」の合図で魚は転がって逃げ，クマは追いかけます。
④クマは，優しくタッチしましょう。

バリエーション

①追いかける側が，ワニになります。

②追いかける動物を子どもが決めます。

4 川跳びの術（マット）

□ 対象年齢…3歳以上　□ 用意するもの…マット

マット運動がいつの間にか出来るようになっちゃう！

伸ばす能力	バランス	リズム	反応	操作	認知
展開の形式	ジャンプ	グループ	ハザード	ゲーム	
遊びの要素	模倣	偶然	眩暈	競争	

進め方
①マットを横に敷き，1列に並びます。
②マットに両手をついて，足が向こう側につくようにさせましょう。
③跳び方，越え方の指示（答え）は出さないようにします。

 バリエーション

①子どもからアイデアを募ります。　　②前の人とは違う跳び方をします。

「でんぐりがえり」

「ぼくは側転」

5 島オニ（マット）

□ 対象年齢…3歳以上　□ 用意するもの…マット，ストップウォッチ

> オニに捕まらないよう，島から島へ！

伸ばす能力	バランス	リズム	反応	操作	認知
展開の形式	ジャンプ	グループ	ハザード	ゲーム	
遊びの要素	模倣	偶然	眩暈	競争	

進め方 1 2 3

① マット（島）を5m以上離して設置します。
② 子どもたちは一方のマットに全員乗り，「よ〜い，ドン」の合図で反対側に移動開始。
③ 途中の海にはオニ（保育者）がいるので，捕まらないように渡ります。
④ 何秒で全員が渡ったか計りましょう。
⑤ ぶつからないようにするにはどうしたらいいか聞きます。

バリエーション

① オニの数を増やします。

② ペアで渡るようにします。

6 フープコーデ（フープ）

□ 対象年齢…3歳以上　□ 用意するもの…フープ，ストップウォッチ

数を数えることで集まる時間が短くなる

伸ばす能力	バランス	リズム	反応	操作	認知
展開の形式	ジャンプ	グループ	ハザード	ゲーム	
遊びの要素	模倣	偶然	眩暈	競争	

進め方

① 1人1本のフープに入り，広がります。
② スタートの合図で自由に動き，笛の合図で自分のフープに戻ります。
③ 全員が何秒で戻れたか計りましょう。

バリエーション

① 移動方法を子どもたちが選びます。

② フープの数を減らしてオニごっこ！　フープに入るとセーフ。でも，「入れて」と言われたら，「どうぞ」と言って替わります。

フープジャンプ（フープ）

□ 対象年齢…3歳以上　□ 用意するもの…フープ

相手のタイミングに合わせることを覚える

伸ばす能力	バランス	リズム	反応	操作	認知
展開の形式	ジャンプ	グループ	ハザード	ゲーム	
遊びの要素	模倣	偶然	眩暈	競争	

進め方
① 2人に1本のフープを用意します。
② 1人がフープに入り，1人はフープの外で並行に立ちます。
③ スタートの合図で同時にジャンプして，出たり入ったりします。
④ フープは踏まないように行います。

① 前・後に挑戦しましょう！

② 外の子がフープを持ち，手を離します。
　フープが落ちたら中の子はジャンプで外へ。

8 フープくぐり（フープ）

□ 対象年齢…3歳以上　□ 用意するもの…フープ

くぐれた時の達成感がやる気を起こす

伸ばす能力	バランス	リズム	反応	操作	認知
展開の形式	ジャンプ	グループ	ハザード	ゲーム	
遊びの要素	模倣	偶然	眩暈	競争	

進め方

① 2人に1本のフープを用意します。
② 一方がフープを立たせて持ち，もう1人の子はフープをくぐり，くぐれたら持っていた子と交代します。
③ フープになるべく触れないようにくぐります。

バリエーション

① 1人でフープを支え，両手を離したならすぐにしゃがんでフープをくぐります。

ぱっと離す！

② 転がるフープをくぐってみましょう！

9 足変えの術（平均台）

□ 対象年齢…3歳以上　□ 用意するもの…平均台（巧技台），マット

> 忍者のように素早く足を交換！

伸ばす能力	バランス	リズム	反応	操作	認知
展開の形式	ジャンプ	グループ		ハザード	ゲーム
遊びの要素	模倣	偶然		眩暈	競争

進め方

①平均台（巧技台）のところに1列に並びます。
②右足を台に乗せ，ケンケンで反対側まで移動します。
③次は，左足を乗せて！

①途中で左右を交替できるかな？　　②チームみんなでそろって！

10 雀ジャンプ（平均台）

□ 対象年齢…4歳・5歳　□ 用意するもの…平均台（巧技台），マット

みんなでそろえてチームワークを高める

伸ばす能力	バランス	リズム	反応	操作	認知

展開の形式	ジャンプ	グループ	ハザード	ゲーム

遊びの要素	模倣	偶然	眩暈	競争

進め方
① 平均台（巧技台）の横に3列で並びます。
② 右足を台に全員が乗せ，「せ〜の」の合図で足を入れ替えます。
③「10」数えましょう。

① 手をつないで！

② リレー形式で！

11 ボール送り（ボール）

□ 対象年齢…3歳以上　□ 用意するもの…ドッヂボール

チームワークを高める

伸ばす能力	バランス	**リズム**	反応	**操作**	認知
展開の形式	ジャンプ	**グループ**	ハザード	ゲーム	
遊びの要素	**模倣**	偶然	**眩暈**	**競争**	

進め方

①3人組にドッヂボール1個を用意します。
②縦に並び，先頭の子がドッヂボールを持ち，足の間から後ろの子にドッヂボールを渡します。
③ドッヂボールを渡したら，振り向いて後ろに移動します。

バリエーション

①頭の上から渡します。

②振り向いて横から渡します。

12 セブンボール（ボール）

□対象年齢…4歳・5歳　□用意するもの…テニスボール，ドッチボール，フープ

素早い判断力を高める

伸ばす能力	バランス	リズム	反応	操作	認知
展開の形式	ジャンプ	グループ	ハザード		ゲーム
遊びの要素	模倣	偶然	眩暈		競争

進め方

① フープ5個とテニスボール7個使います。
② 一辺3mほどの四角形のコーナーにフープを置き，中央に置いたフープにテニスボールを7個置きます。
③ スタートの合図で，テニスボールを1個ずつ自分のフープに運び，3個にした子からゲーム終了。他の子のフープからテニスボールを持ってきてもいいよ！　最後の子が3個にするまで続けましょう。

バリエーション

① リレー形式にします。

② ボールの種類を増やし，得点制で！

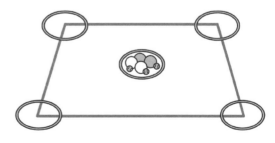

13 フットアップ（ボール）

□ 対象年齢…3歳以上　□ 用意するもの…紅白玉（テニスボール），フープ

ちゃんと着地することでバランス力も向上！

伸ばす能力	バランス	リズム	反応	操作	認知
展開の形式	ジャンプ	グループ	ハザード	ゲーム	
遊びの要素	模倣	偶然	眩暈	競争	

進め方　1 2 3
① 足に紅白玉を挟み，遠くに投げます。
② 投げた後，ピタッとかっこよく立ちましょう。

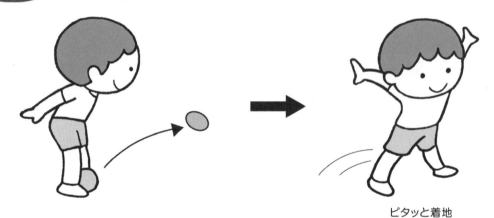

ピタッと着地

 バリエーション

① 上に投げ上げます。　　　　　　　② フープに投げ入れてみます。

14 ボールギャザー（ボール）

□ 対象年齢…3歳以上　□ 用意するもの…紅白玉，フープ，長縄，ストップウォッチ

考える力に加え，走る力も付いてくる

伸ばす能力	バランス	リズム	反応	操作	認知
展開の形式	ジャンプ	グループ	ハザード	ゲーム	
遊びの要素	模倣	偶然	眩暈	競争	

進め方

①2チームに分かれ，それぞれのところにフープを1個置きます。
②スタートの合図で，1人1個ずつ自分たちのフープに紅白玉を運び入れます。紅白玉は30個以上用意します。
③全部集めるのにかかった時間を計ります。

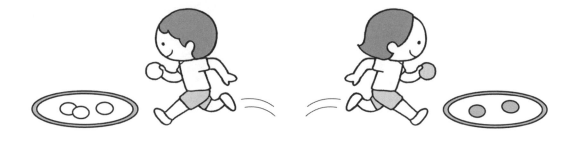

バリエーション

①長縄3本で陣地を区切り，長縄3本を越えてお互いが紅白玉を運ぶゲーム！

②運ぶ時は紅白玉を手に持ち，フットアップでフープに入れます。

15 オセロゲーム（オセロ）

□ 対象年齢…3歳以上　□ 用意するもの…段ボールや厚紙で作ったオセロ30枚，ストップウォッチ

シンプルですが子どもに人気No.1！

伸ばす能力	バランス	リズム	反応	操作	認知
展開の形式	ジャンプ	グループ	ハザード	ゲーム	
遊びの要素	模倣	偶然	眩暈	競争	

進め方
① 2チームに分かれ，1列に並んで座ります。
② スタートの合図で，オセロをチームの色に変えていきます。
③ 30秒でどうなったかな？

バリエーション

① 移動方法を子どもたちが決めます。

ケンケン

② 親子対抗で行います！

父vs子だ！

> コーチングの視点
フープジャンプの場合

軸移動理論

　フープの中にジャンプで入る際，どのように入っているか観察します。子どもたちが出来ていることを見つけ，伝え，皆で共有します。もしも上手にフープに入れていなくても「高く跳べているね」「着地する時に転んでいないね」と出来ていることはたくさんあります。ムードがとてもよくなります！

ブレスト

　例えば2人組で交互にジャンプする時，子どもたちはどのように動くでしょうか？「1人を追いかけるように入っている」「向かい合って入っている」とその動きは様々です。保育者の頭にある動きはまずは置いておき，子どもたちからたくさんのアイデアを引き出し，批判することなく取り入れてみましょう。

動機づけ

　「お友だちとぶつからないようにフープに入るにはどうすればいいかな？」と問答すると「順番に入る」「お友だちをよく見る」と様々な「気づき」が子どもたちから出てきます。保育者は子どもたち自らが気づけるようにするための環境を整え，それが出来た時には一緒に喜び合います。

must&will

　「フープの中にジャンプで入る」がルールです。入り方は「1人で入る」「2人で入る」「ケンケンで入る」など様々な動作があります。フープの中にジャンプで入る方法は子どもたちの好奇心や自由な発想を尊重するとよいでしょう。

ユーモア

　着地の時に転んでおしりをついたり寝転んだりする子どももいます。そんな時は「あれ？　赤ちゃんかな？」とユーモアを交え笑顔で声をかけてみましょう。「赤ちゃんじゃないよ」と今度は上手に見せてくれるかもしれません。「何をやっているの！」と叱る必要は全くありません。叱りつけても笑顔で伝えても結果は同じです。肝心なのは子どもの心ではないでしょうか。

Part 7 効果的に行う！ コーディネーション運動のプログラム

1 効果的なプログラム作りのポイント

　コーディネーション運動のプログラムを作成する際には5つの能力,「バランス能力」「リズム能力」「反応能力」「操作能力」「認知能力」を把握する必要があります。その上で子どもたちにどの能力を向上させたいかを考え，各能力向上の要素が多い種目を選択します。一回の教室で全ての能力を使うようにする形，または，ある一定期間は幾つかの能力に絞って作成してもよいでしょう。例えば1か月おきに一つの能力向上に絞り，進めていくとします。そこで注意しなければならないのはスキャモンの発育発達曲線にあるように幼児期の子どもは筋肉や骨，関節が未発達である点です。一つの動きを繰り返し行うことは心身共に障害を起こしてしまう危険性があることを考慮し，Part 1のブレストのルールの一つである，「質よりも量」の考え方を念頭に置きプログラムを組み立てる必要があります。

　次に，4つの形式の視点からメニューを組み立てます。一つの種目を選択しそれをそのまま実施するだけでは変化の乏しいプログラムとなります。ここで一つの例を挙げましょう。グーパージャンプを選択したとします。展開の形式の一つである「ジャンプ運動」はそのまま実施してもよさそうです。では，形式の「グループ運動」を取り入れるにはどのようにすればよいでしょうか？　これには「2人組になり手を繋ぐ」「数人で輪を作りクルクルと回りながらジャンプする」などがあります。また，形式の「ハザード運動」を取り入れると，「グーパージャンプをしながらお友だちとハイタッチをする」となり，「ゲーム形式」であれば「30秒で何回グーパージャンプが出来るか数える」といった展開があります。このようにグーパージャンプといった一つの種目から幾つものメニューを作り出すことが出来ます。現存するメニューをそのまま実施するだけではなく4つの形式を理解し取り入れることで，保育者オリジナルのメニューを作成することは決して難しいことではありません。

　そして，カイヨワの遊びの4要素はメニューを組み立てる際に重要なポイントとなります。幼児期にはコーディネーション運動が大切だと分かっていても，子どもたちが夢中になって取り組めるメニューでなければ全く意味をなさないのです。そこで，遊びの4要素の理解が必要になってきます。ここでもいくつか例を挙げてみましょう。遊びの要素である，「模倣」はどうでしょうか？　いろいろタッチやいろいろお座りなどがあります。コーチの真似をしてもいいですし，お友だち同士で真似をし合ってもいいですね。「眩暈」はどうでしょうか？　走る運動を実施する際にも，「眩暈」の要素を考慮すると，「サークルの中をクルクルと回りながら走る」や，跳ぶことも眩暈の要素に含まれるので「○○をジャンプしながら行う」となります。「偶然」はまさにじゃんけんです。じゃんけんの勝敗は運動能力の高低は関係ありませんので，じゃんけんをして次の動きを選択するメニューにより，運動が苦手な子でも夢中になって取り

組めるようになります。「競争」は形式の「ゲーム」と同様です。ただ，ここで注意が必要なのは他者との競争だけではなく，むしろ自身との勝負にすることです。例えばグーパージャンプを30秒で何回跳べたかを競うとします。一般的には，誰が一番早かったかを確認し合いますが，私たちは2回目を実施する前に，「1回目よりも一つでも多く跳べるかな？」とします。他者との勝負だけではなく，自身との勝負に転換するのです。この方法であれば運動が苦手な子も達成感を感じることが出来るため，次の運動に対する意欲が芽生えてきます。他者ではなく少し前の自身との勝負となります。ここで挙げた例はほんの一部でしかありません。皆さんも5つの能力，4つの形式，カイヨワの遊びの4要素をうまく取り入れメニューの展開に挑戦しましょう。

　そして，メニュー作りをする際は子どもたちをよく観察することが大切です。同じ年齢でも運動能力や理解力の差があります。実際に接している子どもたちの声にしっかりと耳を傾け，子どもたちがどのように動いているかを注意して観察します。ただ決まったメニューを進めていくだけではその子に合った運動方法とは言えません。合わない運動を実施しても能力が向上しないばかりか，運動そのものを拒否するようになります。それぞれの子どもたちに合ったメニュー作りが大切です。

　そのために必要な視点は，「出来ないことを見つけようとするのではなく，出来ることを探す」ことです。今，目の前にいる子は何が出来ているのかを真剣に観察します。指導となると，出来ていないことを出来るようにしようと思い，そればかりが目に入ってしまいますが，子どもたちの出来ることを見つけ，それを伝え一緒に喜び合うことで，子どもたちは嬉々として運動に取り組むことが出来ます。自らの意思で楽しく動いていればおのずと運動能力も向上していきます。そして，子どもたちの声に耳を傾けるだけではなく，その声を拾うようにします。例えば動物ジャンプをする際に，「次は何の動物にしようか？」と問いかけると様々な意見が飛び交います。子どもたちの発想は大変豊かですから大人が想像もつかない発言をしてくれます。時には奇想天外な意見が出る時もありますが，出来る限り子どもたちのアイデアを取り入れるようにします。それは，子どもたちから出た言動は，まさに今やりたいことだからです。やりたい気持ちを抑え込んではやる気を損ねてしまいます。保育者が教室で何をやるかのメニューを綿密に準備することはもちろん大切です。それにプラスして子どもたちのアイデアが融合すると，メニューの展開（メニューの種類）が広がり，子どもたちが夢中になって取り組む教室創りが可能となります。

　最後に，教室を進めるには正しい知識の基，入念なメニュー作りをしなければなりません。準備を十分に行った上で，子どもたちと接する時は子どもたちの言動を観察し臨機応変な対応が求められます。メニューは保育者の押し付けではなく，子どもたちと一緒に作り上げることが大切です。保育者は運動のテーマやねらいから大きく外れないようにしながらも子どもたちに軸を合わせ，子どもたちが夢中になるメニュー作りを目指します。

プログラムの記入例と活用する際のポイント

ここでは，次項以降のプログラム例や表の記入の仕方についての説明をします。

1．「ねらい（目的）」を決める

運動を実施する際のねらいを決めてメニューを設定します。ねらいを設定しなければ，ただメニューをこなすだけの教室になりかねません。例えばねらいを5つのコーディネーション能力のうち，「リズム能力を高める」としたならば，回るフープにタイミングを合わせてジャンプをして入るフープジャンプや，2人でタイミングを合わせながら行うグーパージャンプ，オニごっこであれば追いかける人の動きに合わせ，逃げる側がしゃがむと捕まらないモグラオニなどとなります。ねらいを設定することで教室に一貫性を持たせて進めることができ，指導する側も子どもの言葉や動作をねらいごとに観察出来るので，その後のメニューの展開や指導方法に活かしやすくなります。

2．「4つの形式」を取り入れる

コーディネーション運動の4つの形式を取り入れるように，メニューを組み立てます。「ジャンプ運動」は足底筋を刺激すると共に足の速さにつながり，「グループ運動」は情動面や予測を司る「脳内の島」を刺激するなど，コーディネーション運動を行う上で4つの形式を取り入れることは根拠があるのです。これらの理由からも，メニューを構成する際には4つの形式をなるべく全て取り入れるようにします。

3．「カイヨワの遊びの4要素」を取り入れる

コーディネーション能力に沿ってねらいを設定し，形式を踏まえてメニューを選択し，次には子どもたちが夢中になって運動に取り組めるように遊びの4要素を念頭に入れたメニューを作っていきます。例えばグーパージャンプを選択した際も，遊びの4要素のうち「眩暈」を念頭に入れておけば，回りながらグーパージャンプをしたり，走る際も直線ではなくサークルを回りながらなどとメニューを子どもに合わせて展開することができます。

4．運動の流れ

まずはウォームアップをし，けがをしないように心身共に準備運動をします。その後，メイン運動を実施し，子どもたちから感想を聞き，その日の振り返りを子どもと一緒に行います。

5．活用する際のポイント

「ねらい・時間・種目（メニュー）」を設定し，実際に指導に入ります。ここで最も重要なのが，「状況」です。運動中に子どもたちが発する言葉や行動を注意深く観察し，それに対してどのような声かけをし，その時の反応はどうであったかを記載します。状況を記載することで子どもに軸を移し，子どもが夢中になって運動に取り組めるメニューを展開することが可能になります。メニューは保育者が考えたものだけを教えるのではなく，子どもたちと一緒に作り上げる方がより楽しく，様々なメニューを作り出すことが出来ます。

6．記入例

> 5つの能力向上や子どもたちに必要だと思うこと，自身の目標などのねらいを決めます。

ねらい：子どもたちの行動を観察し拾い上げる

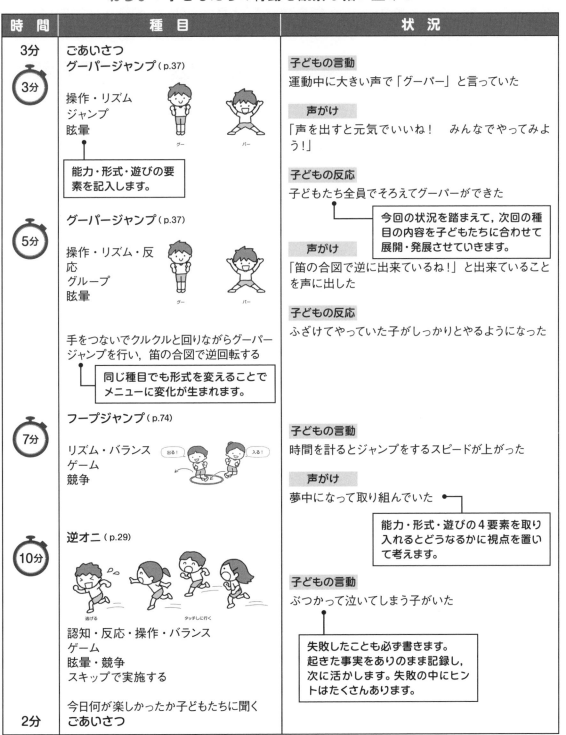

時　間	種　目	状　況
3分	ごあいさつ グーパージャンプ（p.37） 操作・リズム ジャンプ 眩暈 （グー／パー） ＞能力・形式・遊びの要素を記入します。	**子どもの言動** 運動中に大きい声で「グーパー」と言っていた **声がけ** 「声を出すと元気でいいね！　みんなでやってみよう！」 **子どもの反応** 子どもたち全員でそろえてグーパーができた
5分	グーパージャンプ（p.37） 操作・リズム・反応 グループ 眩暈 （グー／パー） 手をつないでクルクルと回りながらグーパージャンプを行い，笛の合図で逆回転する ＞同じ種目でも形式を変えることでメニューに変化が生まれます。	＞今回の状況を踏まえて，次回の種目の内容を子どもたちに合わせて展開・発展させていきます。 **声がけ** 「笛の合図で逆に出来ているね！」と出来ていることを声に出した **子どもの反応** ふざけてやっていた子がしっかりとやるようになった
7分	フープジャンプ（p.74） リズム・バランス ゲーム 競争 （出る！／入る！）	**子どもの言動** 時間を計るとジャンプをするスピードが上がった **声がけ** 夢中になって取り組んでいた ＞能力・形式・遊びの4要素を取り入れるとどうなるかに視点を置いて考えます。
10分	逆オニ（p.29） （逃げる／タッチしに行く） 認知・反応・操作・バランス ゲーム 眩暈・競争 スキップで実施する	**子どもの言動** ぶつかって泣いてしまう子がいた ＞失敗したことも必ず書きます。起きた事実をありのまま記録し，次に活かします。失敗の中にヒントはたくさんあります。
2分	今日何が楽しかったか子どもたちに聞く ごあいさつ	

3 すぐ使える！コーディネーション運動プログラム30

プログラム1　走る運動が楽しくなるコーディネーション運動（3歳向け）

ねらい：

時　間	種　目	状　況
3分	ごあいさつ	
3分	ストップ&ゴー（p.25）	子どもの言動 声がけ 子どもの反応
5分	図形体操（p.58）	子どもの言動 声がけ 子どもの反応
7分	バリアンゲーム（p.27）	子どもの言動 声がけ 子どもの反応
10分	モグラオニ（p.30）	子どもの言動 声がけ 子どもの反応
2分	ごあいさつ	

プログラム2　走る運動が楽しくなるコーディネーション運動（4歳向け）

ねらい：

時間	種目	状況
3分	ごあいさつ	
3分	ストップ＆ゴー (p.25)	子どもの言動 声がけ 子どもの反応
5分	いろいろお座り (p.56)	子どもの言動 声がけ 子どもの反応
7分	リアクションラン (p.33)	子どもの言動 声がけ 子どもの反応
10分	スペースチェンジ (p.32)	子どもの言動 声がけ 子どもの反応
2分	ごあいさつ	

プログラム 3　走る運動が楽しくなるコーディネーション運動（5歳向け）

ねらい：

時　間	種　目	状　況
3分	ごあいさつ	
5分	スペースチェンジ（p.32）	子どもの言動 声がけ 子どもの反応
3分	いろいろお座り（p.56）	子どもの言動 声がけ 子どもの反応
7分	噴水コーデ（p.28）	子どもの言動 声がけ 子どもの反応
10分	フープコーデ（p.73）	子どもの言動 声がけ 子どもの反応
2分	ごあいさつ	

プログラム4　跳ぶ運動が楽しくなるコーディネーション運動（3歳向け）

ねらい：

時　間	種　目	状　況
3分	ごあいさつ	
3分	動物ジャンプ（p.42） ウサギさん　クマさん	子どもの言動 声がけ 子どもの反応
5分	いろいろタッチ（p.57） 頭　頭	子どもの言動 声がけ 子どもの反応
7分	リズムジャンプ（p.40） ケンケン　ケンケン	子どもの言動 声がけ 子どもの反応
10分	フープジャンプ（p.74） 出る！　入る！	子どもの言動 声がけ 子どもの反応
2分	ごあいさつ	

プログラム 5　跳ぶ運動が楽しくなるコーディネーション運動（4歳向け）

ねらい：

時間	種目	状況
3分	ごあいさつ	
3分	グーパージャンプ（p.37） グー　　パー	子どもの言動 声がけ 子どもの反応
5分	図形体操（p.58） ま～る　どうぞ　ま～る	子どもの言動 声がけ 子どもの反応
7分	ジャンプジャンプレボリューション（p.39） グー　チョキ　パー グーでタメをつくり，チョキパーを速くします。　回転します。	子どもの言動 声がけ 子どもの反応
10分	フットアップ（p.80） ピタッと着地	子どもの言動 声がけ 子どもの反応
2分	ごあいさつ	

プログラム6　跳ぶ運動が楽しくなるコーディネーション運動（5歳向け）

ねらい：

時間	種目	状況
3分	ごあいさつ	
3分	リアクジャンプ（p.38） まえ／前に跳ぶ	子どもの言動 声がけ 子どもの反応
5分	いろいろお座り（p.56） 赤ちゃん／赤ちゃん	子どもの言動 声がけ 子どもの反応
7分	雀ジャンプ（p.77）	子どもの言動 声がけ 子どもの反応
10分	足変えの術（p.76）	子どもの言動 声がけ 子どもの反応
2分	ごあいさつ	

プログラム 7　投げる運動が楽しくなるコーディネーション運動（3歳向け）

ねらい：

時間	種目	状況
3分	ごあいさつ	
5分	いろいろ移動（p.64）	子どもの言動 声がけ 子どもの反応
3分	ジャンプタッチ（p.53）	子どもの言動 声がけ 子どもの反応
7分	爆弾ゲーム（p.52）	子どもの言動 声がけ 子どもの反応
10分	ころころ的当て（p.51）	子どもの言動 声がけ 子どもの反応
2分	ごあいさつ	

プログラム 8　投げる運動が楽しくなるコーディネーション運動（4歳向け）

ねらい：

時間	種目	状況
3分	ごあいさつ	
3分	ジャンプタッチ (p.53)	子どもの言動 声がけ 子どもの反応
5分	クラップキャッチ (p.45)	子どもの言動 声がけ 子どもの反応
7分	タッチキャッチ (p.46)	子どもの言動 声がけ 子どもの反応
10分	風船タップ＆キャッチ (p.47)	子どもの言動 声がけ 子どもの反応
2分	ごあいさつ	

プログラム 9　投げる運動が楽しくなるコーディネーション運動（5歳向け）

ねらい：

時　間	種　目	状　況
3分	ごあいさつ	
10分	ボールギャザー (p.81)	子どもの言動 声がけ 子どもの反応
7分	爆弾ゲーム (p.52)	子どもの言動 声がけ 子どもの反応
3分	メンコ投げ (p.48)	子どもの言動 声がけ 子どもの反応
5分	背面スロー (p.49)	子どもの言動 声がけ 子どもの反応
2分	ごあいさつ	

プログラム10　全身運動が楽しくなるコーディネーション運動（3歳向け）

ねらい：

時間	種目	状況
3分	ごあいさつ	
3分	グーパージャンプ（p.37）	子どもの言動 声がけ 子どもの反応
5分	図形体操（p.58）	子どもの言動 声がけ 子どもの反応
7分	バリアンゲーム（p.27）	子どもの言動 声がけ 子どもの反応
10分	風船タップ＆キャッチ（p.47）	子どもの言動 声がけ 子どもの反応
2分	ごあいさつ	

プログラム11 全身運動が楽しくなるコーディネーション運動（4歳向け）

ねらい：

時　間	種　目	状　況
3分	ごあいさつ	
3分	ストップ＆ゴー (p.25)	子どもの言動 声がけ 子どもの反応
5分	いろいろお座り (p.56)	子どもの言動 声がけ 子どもの反応
10分	いろいろ移動 (p.64)	子どもの言動 声がけ 子どもの反応
7分	島オニ (p.72)	子どもの言動 声がけ 子どもの反応
2分	ごあいさつ	

プログラム12　全身運動が楽しくなるコーディネーション運動（5歳向け）

ねらい：

時間	種目	状況
3分	ごあいさつ	
5分	じゃんけんシャトラン (p.26)	子どもの言動
		声がけ
		子どもの反応
5分	じゃんけんダッシュ (p.34)	子どもの言動
		声がけ
		子どもの反応
5分	ボール送り (p.78)	子どもの言動
		声がけ
		子どもの反応
10分	セブンボール (p.79)	子どもの言動
		声がけ
		子どもの反応
2分	ごあいさつ	

プログラム13 用具を使った運動が楽しくなるコーディネーション運動（3歳向け）

ねらい：

時間	種目	状況
3分	ごあいさつ	
5分	島オニ（p.72）	子どもの言動 声がけ 子どもの反応
3分	跳ぶかくぐるか（p.69）	子どもの言動 声がけ 子どもの反応
10分	爆弾ゲーム（p.52）	子どもの言動 声がけ 子どもの反応
7分	ボールギャザー（p.81）	子どもの言動 声がけ 子どもの反応
2分	ごあいさつ	

プログラム14 用具を使った運動が楽しくなるコーディネーション運動（4歳向け）

ねらい：

時 間	種 目	状 況
3分	ごあいさつ	
3分	ジャンプジャンプレボリューション（p.39） グー　チョキ　パー グーでタメをつくり、チョキパーを速くします。　回転します。	子どもの言動 声がけ 子どもの反応
7分	噴水コーデ（p.28）	子どもの言動 声がけ 子どもの反応
5分	川跳びの術（p.71）	子どもの言動 声がけ 子どもの反応
10分	足変えの術（p.76）	子どもの言動 声がけ 子どもの反応
2分	ごあいさつ	

Part 7 プログラム

プログラム15 用具を使った運動が楽しくなるコーディネーション運動（5歳向け）

ねらい：

時間	種目	状況
3分	ごあいさつ	
3分	リアクジャンプ（p.38）	子どもの言動 声がけ 子どもの反応
5分	タッチキャッチ（p.46）	子どもの言動 声がけ 子どもの反応
10分	フットアップ（p.80）	子どもの言動 声がけ 子どもの反応
7分	オセロゲーム（p.82）	子どもの言動 声がけ 子どもの反応
2分	ごあいさつ	

プログラム16 リズム能力を高めるコーディネーション運動（3歳向け）

ねらい：

時 間	種 目	状 況
3分	ごあいさつ	
7分	スペースチェンジ (p.32)	子どもの言動 声がけ 子どもの反応
3分	いろいろタッチ (p.57)	子どもの言動 声がけ 子どもの反応
5分	ジャンプジャンプレボリューション (p.39) グー　チョキ　パー グーでタメをつくり，チョキパーを速くします。　回転します。	子どもの言動 声がけ 子どもの反応
10分	フープジャンプ (p.74) 出る！　入る！	子どもの言動 声がけ 子どもの反応
2分	ごあいさつ	

プログラム17 リズム能力を高めるコーディネーション運動（4歳向け）

ねらい：

時　間	種　目	状　況
3分	ごあいさつ	
3分	リアクジャンプ（p.38）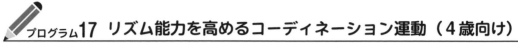	子どもの言動 声がけ 子どもの反応
5分	リズムジャンプ（p.40）	子どもの言動 声がけ 子どもの反応
7分	跳ぶかくぐるか（p.69）	子どもの言動 声がけ 子どもの反応
10分	モグラオニ（p.30）	子どもの言動 声がけ 子どもの反応
2分	ごあいさつ	

プログラム18 リズム能力を高めるコーディネーション運動（5歳向け）

ねらい：

時 間	種 目	状 況
3分	ごあいさつ	
3分	足うらタッチ (p.59)	子どもの言動 声がけ 子どもの反応
5分	フープコーデ (p.73)	子どもの言動 声がけ 子どもの反応
7分	フープジャンプ (p.74)	子どもの言動 声がけ 子どもの反応
10分	フットアップ (p.80)	子どもの言動 声がけ 子どもの反応
2分	ごあいさつ	

プログラム19 バランス能力を高めるコーディネーション運動（3歳向け）

ねらい：

時　間	種　目	状　況
3分	ごあいさつ	
3分	ストップ＆ゴー (p.25) ピー	子どもの言動 声がけ 子どもの反応
10分	いろいろお座り (p.56) 赤ちゃん　赤ちゃん	子どもの言動 声がけ 子どもの反応
5分	おっとっと (p.41) さいしょの構え　ゆ〜ら　ゆ〜ら　おっとっと	子どもの言動 声がけ 子どもの反応
7分	グーパージャンプ (p.37) グー　パー	子どもの言動 声がけ 子どもの反応
2分	ごあいさつ	

プログラム20 バランス能力を高めるコーディネーション運動（4歳向け）

ねらい：

時　間	種　目	状　況
3分	ごあいさつ	
3分	リアクジャンプ（p.38） 「まえ」　前に跳ぶ	子どもの言動 声がけ 子どもの反応
5分	動物ジャンプ（p.42） ウサギさん　クマさん	子どもの言動 声がけ 子どもの反応
7分	川跳びの術（p.71）	子どもの言動 声がけ 子どもの反応
10分	進化ゲーム（p.62） ツルになるのはどっちだ？　ジャンケンポン！	子どもの言動 声がけ 子どもの反応
2分	ごあいさつ	

プログラム21 バランス能力を高めるコーディネーション運動（5歳向け）

ねらい：

時　間	種　目	状　況
3分	ごあいさつ	
3分	ジャンプジャンプレボリューション（p.39） グー　チョキ　パー グーでタメをつくり，チョキパーを速くします。　回転します。	子どもの言動 声がけ 子どもの反応
7分	噴水コーデ（p.28）	子どもの言動 声がけ 子どもの反応
10分	足変えの術（p.76）	子どもの言動 声がけ 子どもの反応
5分	バリアオニ（p.63） 守れ～！　まて～！	子どもの言動 声がけ 子どもの反応
2分	ごあいさつ	

プログラム22 操作能力を高めるコーディネーション運動（3歳向け）

ねらい：

時間	種目	状況
3分	ごあいさつ	
3分	グーパージャンプ（p.37） グー　　パー	子どもの言動 声がけ 子どもの反応
5分	動物ジャンプ（p.42） ウサギさん　　クマさん	子どもの言動 声がけ 子どもの反応
10分	タッチキャッチ（p.46）	子どもの言動 声がけ 子どもの反応
7分	ボール送り（p.78）	子どもの言動 声がけ 子どもの反応
2分	ごあいさつ	

プログラム23 操作能力を高めるコーディネーション運動（4歳向け）

ねらい：

時 間	種 目	状 況
3分	ごあいさつ	
5分	いろいろ移動（p.64）	子どもの言動 声がけ 子どもの反応
4分	いろいろお座り（p.56）	子どもの言動 声がけ 子どもの反応
6分	メンコ投げ（p.48）	子どもの言動 声がけ 子どもの反応
10分	爆弾ゲーム（p.52）	子どもの言動 声がけ 子どもの反応
2分	ごあいさつ	

プログラム24 操作能力を高めるコーディネーション運動(5歳向け)

ねらい:

時　間	種　目	状　況
3分	ごあいさつ	
3分	クラップキャッチ (p.45)	子どもの言動 声がけ 子どもの反応
5分	背面スロー (p.49)	子どもの言動 声がけ 子どもの反応
7分	雀ジャンプ (p.77)	子どもの言動 声がけ 子どもの反応
10分	オセロゲーム (p.82)	子どもの言動 声がけ 子どもの反応
2分	ごあいさつ	

プログラム25 反応能力を高めるコーディネーション運動（3歳向け）

ねらい：

時 間	種 目	状 況
3分	ごあいさつ	
3分	ストップ＆ゴー（p.25）	子どもの言動 声がけ 子どもの反応
5分	いろいろタッチ（p.57）	子どもの言動 声がけ 子どもの反応
10分	ジャンプジャンプレボリューション（p.39） グー　チョキ　パー グーでタメをつくり、チョキパーを速くします。　回転します。	子どもの言動 声がけ 子どもの反応
7分	モグラオニ（p.30） タッチしちゃうぞ〜。　しゃがむ！	子どもの言動 声がけ 子どもの反応
2分	ごあいさつ	

プログラム26 反応能力を高めるコーディネーション運動（4歳向け）

ねらい：

時間	種目	状況
3分	ごあいさつ	
3分	ストップ&ゴー（p.25）	子どもの言動
		声がけ
		子どもの反応
10分	フープコーデ（p.73）	子どもの言動
		声がけ
		子どもの反応
5分	バリアンゲーム（p.27）	子どもの言動
		声がけ
		子どもの反応
7分	バリアオニ（p.63）	子どもの言動
		声がけ
		子どもの反応
2分	ごあいさつ	

プログラム27 反応能力を高めるコーディネーション運動（5歳向け）

ねらい：

時間	種目	状況
3分	ごあいさつ	
3分	ストップ＆ゴー (p.25)	子どもの言動 声がけ 子どもの反応
7分	じゃんけんシャトラン (p.26)	子どもの言動 声がけ 子どもの反応
10分	じゃんけんダッシュ (p.34)	子どもの言動 声がけ 子どもの反応
5分	逆オニ (p.29)	子どもの言動 声がけ 子どもの反応
2分	ごあいさつ	

プログラム28　認知能力を高めるコーディネーション運動（3歳向け）

ねらい：

時　間	種　目	状　況
3分	ごあいさつ	
3分	ストップ＆ゴー (p.25)	子どもの言動 声がけ 子どもの反応
10分	いろいろ移動 (p.64)	子どもの言動 声がけ 子どもの反応
5分	動物ジャンプ (p.42)	子どもの言動 声がけ 子どもの反応
7分	モグラオニ (p.30)	子どもの言動 声がけ 子どもの反応
2分	ごあいさつ	

プログラム29 認知能力を高めるコーディネーション運動（4歳向け）

ねらい：

時　間	種　目	状　況
3分	ごあいさつ	
3分	ジャンプジャンプレボリューション（p.39） グー　チョキ　パー グーでタメをつくり，チョキパーを速くします。　回転します。	子どもの言動 声がけ 子どもの反応
10分	噴水コーデ（p.28）	子どもの言動 声がけ 子どもの反応
7分	バリアンゲーム（p.27） ピッ	子どもの言動 声がけ 子どもの反応
5分	ボールギャザー（p.81）	子どもの言動 声がけ 子どもの反応
2分	ごあいさつ	

プログラム30 認知能力を高めるコーディネーション運動（5歳向け）

ねらい：

時　間	種　目	状　況
3分	ごあいさつ	
3分	クロスタッチ（p.61）	子どもの言動 声がけ 子どもの反応
5分	タッチキャッチ（p.46）	子どもの言動 声がけ 子どもの反応
10分	リアクションラン（p.33） ドラえもん！　ドラミちゃん　ドラえもん	子どもの言動 声がけ 子どもの反応
7分	セブンボール（p.79）	子どもの言動 声がけ 子どもの反応
2分	ごあいさつ	

おわりに

　コーディネーション運動の効果，メニューを組み立てる際のポイントは理解できましたか？ メニューを組み立てる際は保育者の経験により感覚で実施するのではなく，「なぜ，何を，どのように」を考えて組み立てます。一つのテーマに沿い，目的を達成するための方法を導き出すためには，経験と合わせて学際的な様々な理論に基づいた正しい知識が必要となります。その知識は運動の分野に限ったことではありません。子どもに運動指導をする上で絶対にあってはならないことはけがです。そうならないためにも，保育者はスキャモンの発育発達曲線など，接している子どもたちの体や心の成長過程も把握する必要があります。

　さらに，保育者はお山の大将でよいでしょうか。保育者が多くの知識を基に完璧に近いプログラムを作成したとしても，それをトップダウン式に伝え，正確に実行することがよい指導と言えるでしょうか？ うまく動けず，それに付いて行けず，出来ないことが多い子どもは不真面目で運動能力の低い子なのでしょうか？ 運動指導は一歩間違えると，「子どもたちが保育者に合わせる」ことになり，合わせられなかった子どもは，「出来ない子」のレッテルを張られがちです。「保育者が子どもたちに合わせる」が本来あるべき姿ではないでしょうか。出来ないことの中にも，必ず出来ていることがあります。それは本人も気づいていないことが多いでしょう。それを，保育者は子どもに軸を合わせ，見つけ，拾い，伝えることで，子どもたちは能力を高め，生き生きと取り組むことが出来ます。皆さんが指導する際，子どもたちがあなたに合わせていませんか？ 出来ないことばかり探し，伝え，直そうとしていませんか？ まずは自身の指導を振り返り，客観的に分析してみましょう。もちろん出来ていることも多いはずです。皆さん自身も出来ることから伸ばしていけばいいですよね。

　最後に，保育者の役割は全てのことを完璧に伝え教えることではなく，子どもたちが自身の考えを主張し，生き生きと，夢中になって運動に取り組むことが出来る環境を整えることです。そして，子どもたちだけにやらせるのではなく，保育者自身も子どもたちと一緒になって動き，考え，運動方法や解決策，さらには子ども同士の関わり方を学び合うことではないでしょうか。保育者歴がどんなに長く経験豊かであっても，その一時一瞬は対象者も状況も全て違い，一つとして同じではありません。その時の状況に合わせるためには臨機応変な対応が求められます。保育者だからこそ謙虚な気持ちを持って子どもたちの言葉に傾聴し，行動を観察し，軸を合わせることが指導の基本と言えます。はじめは，「保育者が子どもたちに合わせる」は大変なことかもしれません。しかし，指導技術はスキルであり，コーディネーション運動とコーチングは科学です。正しい知識と手順を踏み，努力したならば必ず身につきます。子どもたちに，「失敗を恐れずに挑戦してごらん」というように，皆さんも今から新しい指導の道の一歩を踏み出してみましょう！ そこには皆さんと子どもたちが笑顔で運動をしている姿が見えるでしょう。

2015年6月

東根明人

【著者紹介】

東根　明人（あずまね　あきと）
一般社団法人コーチングバリュー協会代表理事　博士（医学）
社会福祉法人大宝会宝保育園理事
30余年の研究と実践を通じて体系化してきたコーディネーション運動とコーチングサービスは，①「一緒に考え，創り，喜び合う」ことをメインテーマに，心と体のバランスを高めます！②子どもたちの「想像力や知的好奇心」を引き出すために，「自己決定」を大切にしています！③出来ていることを，「見つけ・育て・生かす」環境を創っています！
主な著書に，『DVD　みんなのコーディネーション運動　幼児編』(2014)，『DVD　みんなのコーディネーション運動小学生編 PART 1』，同『PART 2』(2013)，『小学校　体つくり運動がもっと楽しくなるコーディネーション運動』(2011)，『子どものつまずきがみるみる解決するコーディネーション運動―器械運動編―』，同『―ボール運動編―』(2007)，『体育授業を変えるコーディネーション運動65選』(2005)（いずれも明治図書）などがある。

【編集協力】

一般社団法人コーチングバリュー協会
（いっぱんしゃだんほうじんこーちんぐばりゅーきょうかい）
URL　http://www.active.or.jp
大羽瑠美子（コーチングバリュー協会専任コーチ）
髙見美恵子（協会スタッフ）
田中　貴子（協会スタッフ）
石川深起子（協会スタッフ）
早川　千聖（協会スタッフ）
鈴木　有喜（ママチーム）
江間　倫子（ママチーム）

〔本文イラスト〕木村　美穂

楽しみながら運動能力が身につく！
幼児のためのコーディネーション運動

2015年8月初版第1刷刊　Ⓒ著　者　東　根　明　人
2022年11月初版第10刷刊　　　発行者　藤　原　久　雄
　　　　　　　　　　　　　　発行所　明治図書出版株式会社
　　　　　　　　　　　　　　　　　　http://www.meijitosho.co.jp
　　　　　　　　　　（企画）木山麻衣子・松川直樹　（校正）有海有理
　　　　　　　　　　　　　　〒114-0023　東京都北区滝野川7-46-1
　　　　　　　　　　　　　　振替00160-5-151318　電話03(5907)6702
　　　　　　　　　　　　　　ご注文窓口　電話03(5907)6668
＊検印省略　　　　　　　　組版所　株式会社ライラック
本書の無断コピーは，著作権・出版権にふれます。ご注意ください。

Printed in Japan　　　　　　　　ISBN978-4-18-162618-1
もれなくクーポンがもらえる！読者アンケートはこちらから →

すぐに役立つ 明治図書の保育書

保育者のための50のキーワード
のびのび園生活への提言
荒井 洌/著　1660円+税

子どもたちがのびのびとした園生活を送るためには、保育者ものびやかに仕事をし、仕事そのものをエンジョイすることが大切。本書では、そんな園生活をつくるために保育者に考えてほしいキーワードを50集め、解説しています。日本各地や北欧の園風景の魅力的な写真も満載です！

教育・保育実習ガイドブック
振り返りができるポートフォリオつき
谷川裕稔・富田喜代子・上岡義典/編著　1860円+税

教育・保育実習前にこれだけは押さえておきたい！というポイントをミニワーク形式でコンパクトにまとめました。簡単な説明を読みながらワークに書き込むだけで、実習で必要な技術や知識がしっかり身につきます。この1冊があれば自信を持って実習ができる内容満載です！

DVD みんなのコーディネーション運動
親子編PART1／親子編PART2　平井博史/監修
幼児編　東根明人/監修
各2800円+税

体を動かすと心も開く！運動神経がよくなるトレーニングとして注目されている「コーディネーショントレーニング」から親子で楽しくできる親子編と、幼児向けに応用した幼児編をご紹介。コーディネーション運動の考え方や効果も分かりやすく紹介しています。幼稚園や保育園でも活用できます。

楽しみながら運動能力が身につく！
幼児のためのコーディネーション運動
東根明人/著　2000円+税

運動神経が身につくトレーニングとして、評価の高い「コーディネーション運動」、待望の幼児版。遊びや保育で簡単にできる運動150例+年齢別プログラム30例を紹介。楽しみながらバランス・リズム・反応・操作・認知能力が身につきます。

遊びづくり
📖 **遊びづくりの達人になろう！**
子どもが夢中になってグーンと成長できる遊び55
3歳児　4歳児　5歳児　竹井史/編著　各2260円+税

📖 「自分らしさ」をフルに発揮！
0～5歳児の楽しさはじける表現あそび
浅野卓司・田端智美/編著　2160円+税

絵画・造形活動

📖 絵の具大好き！
絶対描きたくなる！幼児の絵画活動
宮林佳子/編著　さくらぎ保育園/著　1900円+税

📖 ドキドキワクワクでみんなくぎづけ！
3・4・5歳児の造形活動おまかせガイド
浅野卓司/編著　2300円+税

📖 子どもの表現力をグングン引き出す
造形活動ハンドブック
あいち幼児造形研究会/著　2160円+税

保育知識&スキル
📖 **子どもの絵の謎を解く**
ふじえみつる/著　2260円+税

📖 感性をひらいて保育力アップ！
「表現」エクササイズ&なるほど基礎知識
山野てるひ・岡林典子・鷹木明/編著　2360円+税

明治図書　http://www.meijitosho.co.jp
携帯・スマートフォンからは **明治図書ONLINE** へ　書籍の検索、注文ができます。
〒114-0023　東京都北区滝野川7-46-1　ご注文窓口　TEL 03-5907-6668　FAX 050-3156-2790　＊価格は全て本体価格表示です。